# 세상에 대하여 우리가 더잘 알아야 할 교양

## 31

## 지은이 | 옮긴이 | 감수자 소개

### 지은이 **마이클 버간**

아동 및 청소년 도서를 250권 이상 집필했습니다. 역사와 지질학에 관한 책, 세계 리더들의 전기를 주로 쓰며 관련 수상 기록도 있지요. 주요 저서로는 《프로 레슬러 빌 골드버그(Goldberg: Pro Wrestler Bill Goldberg)》《벨기에(Belgium)》 등이 있습니다.

---

### 옮긴이 **이현정**

서강대학교에서 영어영문학과 심리학을, 서울대학교 대학원에서 인지과학을 공부했습니다. 다양한 분야에 관심이 많아 미국에서 약학 전문대학원을 다니던 중 번역의 세계에 뛰어들어, 현재 전문번역가로 활동 중입니다. 주요 역서로는 《과연 제가 엄마 마음에 들 날이 올까요》《비타민 바이블》《여자의 마음을 치유하는 옷장 심리학》 등이 있습니다.

---

### 감수자 **신재혁**

고려대학교에서 법학 학사와 정치외교학 석사, UCLA에서 정치학 박사 학위를 받았습니다. 현재 고려대학교 정치외교학과 교수로 동남아시아 정치론과 정치제도론 등 비교정치에 대해 가르치고 있습니다. 주요 논문으로는 《대통령제 민주주의의 내각 안정성》《신생 민주주의의 선거 제도 선택: 1988년 한국 사례 연구》 등이 있습니다.

세 상에 대하여
우리가
더 잘 알아야 할
교양

마이클 버간 글  이현정 옮김  신재혁 감수

**31**

# 투표와 선거

과연 공정할까?

내인생의책

# 차례

※ 본문의 **굵은 글씨**로 표시된 단어는 106페이지 용어 설명에서 찾아보세요

# | 감수자의 글 |

반을 대표하고 학급을 위해 봉사할 친구를 뽑는 반장 선거부터 나라의 최고 지도자를 뽑는 대통령 선거까지, 선거는 우리 주위에서 흔히 볼 수 있는 일입니다. 여러분의 부모님만 해도 일이 년에 한 번씩은 꼭 크고 작은 선거에 투표를 하러 가실 거예요. 이처럼 우리는 투표와 선거를 통해 집단의 중요한 일들을 결정합니다. 그런데 곰곰이 생각해 보면 막상 우리가 투표와 선거에 대해 아는 것이 많지 않다는 걸 알게 되지요. 대통령 선거에는 아무나 출마할 수 있는 걸까요? 청소년과 어린이는 왜 국민 투표에 참여하지 못할까요?

투표와 선거는 민주주의 국가에서 아주 중요한 역할을 합니다. 공정한 선거 제도가 없다면 공동체는 몇몇 사람에게만 유리한 방향으로 움직이게 될 거예요. 이런 불행을 막기 위해 우리는 후보들과 정당들의 면면을 꼼꼼히 살피고 자신의 판단에 따라 한 표를 행사하지요. 그 결과 당선된 후보나 집권한 정당은 자신을 믿고 뽑아 준 사람들의 충실한 대변자가 되어야 하고요. 하지만 모든 국가에서 공정하고 올바른 방식으로 선거가 치러지지는 않습니다. 그래서 지금도 어떤 나라에서는 민주적이고 자유로운 선거를 시행하기 위해 많은 사람이 목숨을 걸고 싸우고 있습니다. 그렇다면 어떤 방식의 선거가 올바른 것일까요? 정치 상황은 국가마다 다른데, 모든 국가가 똑같은 선거 제도를 도입해도 될까요? 투표와 선거에 대한 세부적인 논쟁들도 많습니다. 다수 대표제냐 비례 대표제냐, 정치인 후원금을 얼마까지 허용할 것이냐 하는 문제 등이 그것이지요.

이 책은 투표와 선거를 탄생시킨 민주주의에서 이야기를 시작합니다. 고대 그리스의 직접 민주주의를 거쳐 지금의 대의 민주주의에 이르기까지, 사람들은 언제나 더 합리적이고 정의로운 정치 제도를 꿈꿔왔습니다. 이 책에는 그 고민의 결과로 자리 잡게 된 투표와 선거에 대한 자세한 설명이 담겨 있습니다. 3장에서는 근대 민주주의 형성에 빼놓을 수 없는 역할을 한 정당들이 어떠한 역할을 하는지, 4장과 5장에서는 언론 매체의 보도나 정치 자금이 선거 과정에 어떻게 개입하는지를 살펴보세요. 그리고 6장에서는 유권자들의 투표 과정에 대하여 자세히 알아보세요. 그러면 앞으로 선거에 직접 참여하게 되었을 때 조금 더 현명한 결정을 내릴 수 있을 것입니다. 자신에게 주어질 소중한 한 표를 주관 있게 행사하고자 하는 청소년들에게 이 책은 올바른 이정표가 되리라 생각합니다.

고려대 정치외교학과 교수 **신재혁**

# 들어가며 : 이라크의 민주주의 실험

# 2005년은 이라크인에게 아주 뜻깊은 해입니다.

2005년에는 **총선**이 두 차례 치러졌기 때문입니다. 1979년부터 2003년까지 24년간 이라크를 지배한 독재자 사담 후세인이 물러나고 처음으로 치른 제대로 된 선거였지요. 이라크 총선은 부분적인 유혈 사태 속에서도 비교적 안정적으로 치러졌어요. 쿠데타와 **군부 독재**, 사담 후세인의 **철권 통치**로 얼룩졌던 이라크가 민주주의 국가로 한 걸음을 뗀 것입니다.

전 세계 언론들은 특히 2005년 12월에 치러진 총선에 찬사를 보냈습니다. 오랜 독재 국가였던 이라크에서 민주적인 투표가 이뤄진 것 자체가 기념비적인 변화였거든요. 미국과 이라크의 전쟁이 끝난 뒤 치러진 2005년 1월 총선에는 사담 후세인을 지지하던 **수니파**가 참여하지 않았습니다. 하지만 2005년 12월 총선에서는 수니파가 선거에 참여했고, 여성 정치 세력이 등장했으며, 후보들의 TV 토론도 이뤄졌어요. 이슬람 극단주의를 거부하고 세속주의로 나아가려는 움직임도 두드러졌지요. 독재 정권이나 전제 왕정이 지배적인 중동에서 이라크의 민주주의 실험이 성공할지, 전 세계의 관심이 쏠리고 있습니다.

처음으로 자유 선거를 치른 이라크 사람들이 투표를 했다는 증거인 손가락의 잉크를 자랑
스럽게 보여 주고 있다. 이라크에서는 투표를 마친 뒤 잉크통에 한 손가락을 집어넣어서
잉크를 묻힌다. 손가락에 이 잉크 자국이 있는 사람은 투표를 마친 사람이다.

## 민주주의의 실행

이라크인들이 깨달은 것처럼 투표와 선거는 정치 과정에서 중요한
역할을 합니다. 정치란 정부를 구성하고 정부 운영 방식을 정하는 일을
말하지요.

자유롭고 공정한 선거를 통해 대표를 선출하는 제도를 '대의 민주주
의'라고 부릅니다. 대의 민주주의에서 **유권자**는 자신의 의견을 대표할
사람을 선출합니다. 선거에서 당선된 사람은 정부를 운영하고 정책을
만들지요.

민주주의가 아닌 다른 정치 제도로 운영되는 나라도 있습니다. 예를

들어 사우디아라비아는 '**군주제**'를 따르기 때문에 유권자들이 국가 지도자를 직접 뽑을 수 없지요. 선거를 실시한다고 해서 그 국가가 민주국가인 것도 아닙니다. 국민에게 **공직자** 선택의 자유가 실질적으로 주어지지 않는 경우도 있어요. 이런 국가에서는 통치자에 반대하는 후보자는 아예 선거에 출마할 수 없거나 출마하더라도 큰 불이익을 받습니다. 그 후보자를 지지하는 유권자도 마찬가지지요. 따라서 통치자가 선택한 후보자가 당선될 수밖에 없습니다.

### 투표와 선거

민주주의 국가에서는 투표와 선거가 매우 중요합니다. 투표로 선출된 대표자가 국민 전체의 의견을 대변하고, 선거를 통해 국민이 국가 운영에 대한 의견을 표출할 때 민주주의가 원활히 이루어지기 때문이지요. 그래서 국민은 투표와 선거가 완벽히 공정하게 치러지기를 바랍니다. 하지만 공정하고 차별 없는 선거를 실시하는 일은 쉽지 않습니다. 그 과정에서 까다로운 문제가 생기기도 하지요.

예를 들어 볼까요? 선거에서는 누군가 불법적인 영향력을 발휘해 원하는 결과를 얻으려 하는 경우가 있습니다. 그럴 때마다 공정성과 관련된 윤리적 문제가 제기됩니다. 개표 방식이나, 당선자 결정에 돈이 미치는 영향 같은 문제지요. 투표권을 가질 대상을 놓고도 많은 문제가 생깁니다. 그래서 우리는 어떤 민주주의 국가에서 시행되는 투표와 선거가 얼마나 윤리적으로 이루어지는가를 통해 그 나라가 얼마나 자유롭고 공정한 곳인지 알 수 있어요.

1

# 역사 속의 투표와 선거

민주주의는 민중에 의한 통치라는 뜻입니다. 민중이 통치를 하기 위해서는 투표와 선 거가 필수 요소라고 볼 수 있습니다. 투표 제도의 기원은 고대로 거슬러 올라가야 하 지만 민주 국가에 대한 개념은 영국의 헌법에서 처음으로 나온 것이 많습니다. 지금 도 세계 곳곳에서는 민주화 혁명이 일어나고 있어요.

# 민주주의는 민중이라는 뜻의 그리스어 '데모스(Demos)'와 통치라는 뜻의 '크라토스

(Kratos)'가 합쳐져 생겨난 말입니다. '민중에 의한 통치'라는 뜻이지요. 투표와 선거는 민주주의의 필수 요소라고 볼 수 있습니다. 고대부터 현재까지 많은 역사적 사건을 겪으며 오늘날의 투표와 선거가 탄생했지요.

## 고대 그리스와 직접 민주주의

고대 그리스에서는 아테네라는 도시국가가 민주주의를 가장 먼저 실현하고 있었습니다. 하지만 아테네에서는 지금처럼 투표권이 있는 유권자들이 자신들의 생각을 대표해 줄 의원들을 뽑지 않았습니다. 시민

*알아두기*

투표와 선거는 비슷한 용어처럼 보이지만 사실은 다른 말이다. 투표는 어떤 사안에 대해 찬성이나 반대 같은 의견을 투표 용지에 표출하는 일을 말한다. 한편 선거는 공직자나 임원을 선출하는 일을 뜻한다.

권이 있는 남성들이 한자리에 모두 모여서 아테네의 **국정 운영**에 대해 의견을 나누고 사안에 대해 찬성이나 반대를 결정하는 투표를 했지요. 시민들이 대표자를 통하지 않고 직접 의사 결정을 한다는 특징 때문에 아테네의 민주주의는 '직접 민주주의'라고 불립니다. 물론 아테네를 비롯한 그리스의 다른 도시 국가에서는 대표자를 뽑는 선거도 실시했습니다. 이렇게 대표자를 선출해 정치적 의사를 표현하는 것을 '대의 민주주의'라고 불러요. 사람들은 선거를 통해 군 지휘관과 행정관을 선출했습니다. 아르콘이라고 불린 당시 행정관들은 국정 운영을 보조하는 역할을 수행했어요.

종합해 보면, 고대 그리스의 정치 제도는 직접 민주주의와 대의 민주주의가 혼합된 형태였습니다. 하지만 시민들이 직접 국정 운영에 참여하고 선거로 대표자를 선출했다고 해서 고대 그리스의 민주주의가 완전한 것은 아니었습니다. 고대 그리스에서는 남성만이 시민권을 가지고 있었기 때문이지요. 노예, 외국인, 여성들은 시민권이 없어서 국정 운영에 대한 의견을 낼 수도 없고 대표자를 뽑는 선거에 참여할 수도 없었습니다. 오늘날의 민주주의와는 다른 모습이지요. 만약 오늘날 어떤 국가가 여성들에게 선거권을 주지 않는다면 우리는 그 국가를 민주 국가라고 부르지 않을 거예요.

## 도편 추방제

아테네에서 직접 민주주의는 잘 운영되었지만 때로는 부작용이 생기기도 했습니다. 그래서 아테네에는 특별 선거가 있었습니다. 독재자가 되어 권력을 남용하고 민주주의 공동체의 질서를 파괴할 것 같은 위험 인물이 등장하는 것을 막기 위해서였지요.

특별 선거제는 두 번의 투표로 구성되었습니다. 우선 '위험인물이 있는 가?'라는 질문으로 1차 투표를 실시했습니다. 유권자들은 여기에 '예' 또는 '아니요'를 선택해 손을 들어 답을 했지요. 1차 투표에서 대다수가 '예'라고 대답하면 투표를 한 번 더 실시했습니다. 2차 투표는 도자기 조각에 그 위험인물의 이름을 적어 내는 방식이었습니다. 그 도자기 조각을 '도편'이라고 불렀지요. 2차 투표 결과 이름이 가장 많이 나온 사람은 10년간 해외로 추방되었습니다. 그래서 이 제도를 '도편 추방제'라고 불러요.

본래 도편 추방제는 독재자가 될 것 같은 사람을 쫓아내어 민주주의

▌ 약 2천5백 년 전 고대 그리스에서는 도자기 조각을 이용해 위험인물을 추방하는 투표를 실시했다.

공동체의 민주적 가치를 지키기 위한 제도였습니다. 하지만 시간이 흐른 뒤 어떤 정치가들은 독재자가 아니라 자신의 유력한 경쟁자를 제거하기 위해 도편 추방제를 이용하기도 했습니다. 도편 추방제에서 위험 인물로 정해진 사람은 변명의 기회조차 없이 쫓겨났기 때문이지요. 이러한 도편 추방제는 투표와 선거의 단점을 보완하기 위해 만든 것이지만 단순 다수결의 위험성 또한 증명하는 제도이기도 합니다.

### 고대 로마와 직접 민주주의

아테네가 전성기를 맞이하고 몇백 년이 흐른 뒤에는 로마가 세계 최고의 제국을 건설하기 시작했습니다. 로마에도 한동안 대의제와 직접 민주주의가 공존했습니다.

로마인들은 정부를 기능에 따라 세 부서로 나눴습니다. 입법부가 법을 만들면 유권자 모두는 법안을 승인하는 과정에 참여했습니다. 행정부를 구성하는 집정관과 호민관 같은 행정관도 유권자의 손을 거쳐 선출되었습니다. 사법부는 법을 집행하는 집행관과 **배심원**들로 구성되었는데, 배심원은 모두 시민이었지요. 모두에게 공정하게 법을 적용하는 것이 사법부의 임무였어요. 이처럼 선거를 통해 공직자를 선출했고 시민들이 직접 국정 운영에 참여하기도 했기 때문에 고대 로마의 정치 제도는 대의제와 직접 민주주의가 혼합된 형태라고 할 수 있습니다.

고대 로마에서는 정부의 국정 운영 방식을 문자로 기록해 남겼습니다. 그리고 누구도 법을 위반하지 않도록 주의 깊게 살폈습니다. 법을 통해 모든 이들이 반드시 지켜야 하는 윤리 잣대를 만든 것이지요. 이처럼 법으로 나라를 다스리는 것을 '법치'라고 해요. 법치는 많은 국가들에 영향을 미쳤습니다.

### 근대 민주주의의 시작

이처럼 투표 제도의 기원은 수천 년 전으로 거슬러 올라가야 하지만 민주 국가에 대한 개념은 영국의 헌법에서 처음으로 나온 것이 많습니다. 헌법이란 국가 운영 방식의 기본 원리와 국민의 기본권을 보장하는 근본적인 규칙들을 일컫는 말입니다.

### 영국 대헌장

1215년, 영국의 귀족들은 존 국왕을 압박하기 시작했습니다. 프랑스와의 전쟁에서 패배한 뒤 왕이 마음대로 과도한 세금을 징수해서 귀족들과 대립한 것이 원인이었지요. 결국 존 왕은 귀족들에게 굴복했고 그들의 요구 사항을 들어줄 수 밖에 없게 되었습니다. 귀족들과 왕 사이의 합의 내용은 영국의 대헌장 '**마그나 카르타**(Magna Carta)'에 자세히 기록되어 있습니다.

1254년이 되자 영국의 각 **자치주**들은 의회에 참석할 대표를 선출하기 시작했습니다. 의회는 대표들이 왕과 한자리에서 **조세 제도**를 논의할 수 있는 공간이었습니다. 시간이 흐르면서 의회의 의원들은 세금과 종교 등 여러 문제에 대해 왕과 다른 의견을 내게 되었습니다. 의원들은 왕이 조세를 늘릴 때는 의회의 승인을 받아야 한다는 원칙을 지키지 않는다고 생각했습니다. 왕은 의원들의 불만을 무시했지요. 이들의 의견 차이는 좁혀지지 않았습니다. 결국 당시 왕이었던 찰스 1세는 의회를 해산시키고 11

년 동안이나 의회를 열지 않았지요. 왕과 의회는 싸우게 되었고, 영국에는 내전이 일어났습니다. 이를 '청교도 혁명'이라고 해요. 결국 의회를 지지하는 사람들이 전쟁에서 승리했고 찰스 1세는 처형되었습니다.

## 명예혁명

청교도 혁명으로 영국은 공화국이 되었습니다. 공화국이란 국민이 선출한 대표가 다스리는 나라를 말하지요. 하지만 청교도 혁명을 이끌었던 크롬웰이 공포 정치를 펼치며 독재를 했기 때문에 사람들은 그를 싫어했습니다. 결국 크롬웰이 병으로 죽으면서 다시 군주제가 부활했습니다. 찰스 1세의 아들인 찰스 2세가 왕이 된 것이지요.

하지만 찰스 2세와 그의 뒤를 이은 제임스 2세도 영국 국민들을 만족시키지 못했습니다. 이들은 자기 마음대로 나라를 다스렸지요. 1688년, 영국에서는 제임스 2세를 몰아내고 의회가 정치의 중심이 되는 나라를 만들자는 '명예혁명'이 발생했습니다. 한 방울의 피도 흘리지 않고 정치적 변화를 이루었기에 명예혁명이라고 부르지요. 혁명으로 새롭게 군주가 된 윌리엄 3세와 메리 부처는 국민들의 투표권을 인정하기로 약속했습니다.

의회는 왕의 권력이 커지는 것을 막기 위해 새로운 왕이 직접 '권리 장전'을 승인하라고 요구했습니다. 권리 장전에는 의원 선거에 대한 자유를 보장하는 것도 포함되었습니다. 예전의 왕 중에는 투표에 영향력을 행사해서 자기 마음에 드는 사람을 당선시키려는 사람도 있었기 때문이지요. 심지어 자신이 원하지 않는 사람이 당선되면 자리에서 내쫓는 경우도 있었습니다. 그러나 권리 장전의 등장으로 군주가 선거에서 비윤리적 관행을 일삼던 시대는 막을 내렸습니다.

1832년에 선거법이 개정되면서 영국에는 또 다른 큰 변화가 생겼습니다. 바로 투표권에 관한 것이었지요. 이 개정안을 통해 시민들의 투표권은 확대되었습니다. 비록 여성과 가난한 남성들에게까지 주어지지는 않았지만요. 또한 그 무렵 새로 생겨난 신흥공업지역의 도시에 인구가 늘어난 점을 감안해 그곳의 의원 수를 늘리는 법도 만들어졌지요.

### 미국 독립 혁명

18세기까지 미국은 영국의 **식민지**였습니다. 북미 식민지에 살았던 사람들은 자체적으로 투표를 해서 대표를 정했습니다. 그들은 본국인 영국의 전통에 따라 지역 리더와 대표를 선택했지요. 반면 영국은 17세기, 18세기 동안 식민지에서 일어나는 일에 관심이 거의 없었습니다.

하지만 1764년, 프랑스와 7년 전쟁을 치르면서 돈이 필요해진 영국 의회는 미국에 새로운 조세법을 도입했습니다. 설탕이나 차 같은 수입품에 세금을 부과하겠다는 법이었지요. 식민지 주민들은 새 조세법에 반대했습니다. 그들은 영국 헌법에 비추어 볼 때 투표로 선출된 의원들만이 자신을 뽑아 준 유권자들에게 세금을 내라고 요구할 자격이 있다고 생각했지요. 그런데 세금을 부과한 영국 의회는 자신들이 선출한 의원들이 아니었습니다. 따라서 사람들은 '대표 없는 과세'가 부당하다며 반대의 목소리를 높이기 시작했습니다. 식민지 주민들은 조세법을 만들 권리도, 또 그 법에 반대할 기회도 갖지 못하는 자신들에게 세금을 강제로 징수하는 것은 바람직하지 않다고 생각했지요. 결국 사람들은 미국에 차를 계속 들여오던 영국의 배를 습격해 차를 모두 바다에 던져 버렸습니다. 이 사건을 '보스턴 차 사건'이라고 해요.

　보스턴 차 사건이 일어나자 영국은 북미 식민지를 탄압했습니다. 그러자 식민지 주민들은 독립 선언서를 발표하고, 전쟁을 일으켰습니다. 독립 선언서에는 "모든 인간은 평등하게 태어났고, 생명, 자유, 행복 추구 등의 권리를 위해 정부를 만들었다. 따라서 정부가 인간의 권리를 침해할 때는 정부를 없애고 새로운 정부를 만드는 것이 인간의 권리다." 라고 쓰여 있었지요.

　전쟁이 시작되자 영국과 대립하던 에스파냐와 프랑스는 북미 식민지군을 지원했습니다. 결국 영국은 전쟁에서 패배했습니다. 북미 식민지는 마침내 영국에서 독립하게 되었습니다. 독립 선언서는 미국의 정치 제도를 확립하는 토대가 되었지요. 미국 독립 선언서에서 이야기하는 '인민 주권설'과 '**혁명권**'은 근대 민주주의 사상의 기초가 되었습니다.

## 프랑스 혁명

프랑스에는 '삼부회'라고 불리는 의회 제도가 있었습니다. 삼부회는 사람들을 신분에 따라 세 계급으로 나누었습니다. 성직자가 제1계급, 귀족이 제2계급 그리고 프랑스 국민 대다수가 포함되는 평민이 제3계급이었지요. 보통 의회는 왕의 권력을 견제하는 역할을 하지만 삼부회는 달랐습니다. 프랑스 국왕과 제1, 2계급에 속한 사람들은 비슷한 목소리를 낼 때가 많았지요. 그들은 대다수 프랑스 국민들의 의견에 반대하며 특권 계급에 속한 사람들에게만 유리한 결정을 했습니다.

결국 1789년, 제3계급은 삼부회에서 탈퇴하고 새로운 의회를 만들었습니다. 새 의회의 대표들은 국왕의 권한을 대폭 줄이고 신분제를 폐지하는 헌법을 제정하기를 원했지요. 1792년이 되자 프랑스에서는 모든

프랑스 시민들은 정부가 자신들의 권리를 무시하는 데 격분해 1793년에 국왕인 루이 16세를 붙잡아 처형했다.

남성에게 투표권을 부여하는 헌법이 제정되었습니다. 재산을 어느 정도 소유한 사람만 투표를 할 수 있었던 구시대의 차별적 관행이 사라진 것이지요.

### 현재의 민주주의 혁명

자유롭고 공정한 투표와 선거는 이처럼 많은 사람들의 노력 덕분에 우리에게 익숙한 오늘날의 모습이 되었습니다. 민주화 혁명은 지금도

**인물탐구** 와엘 그호님(1980.12.23~)

와엘 그호님은 페이스북에 페이지를 만들면서 영웅이 되었다. 구글 이집트 지사 소속 직원이었던 그는 이집트 경찰에게 살해된 한 사업가에 관해 알릴 목적으로 2010년 6월에 페이스북 페이지를 만들었다. 경찰은 자신들이 저지른 비리의 증거가 그호님의 손에 있다고 생각했고 그 정보가 유출되지 않기를 바랐다. 무바라크 재임 중 이집트 경찰이 극단적인 폭력을 행사하고 비리를 저지르는 경우가 매우 많았기 때문이다.

시위가 계속되면서 이집트인들은 그호님의 페이지를 이용해 시위 계획을 논의하고 민주주의를 요구했다. 한동안 이집트 정부는 인터넷을 차단했다. 휴대 전화도 마찬가지였다. 하지만 이집트인들은 어떻게든 서로 의사소통할 수 있는 방법을 찾았고, 이집트 반정부 운동이 시작되었다. 시위 기간 중에 체포된 그호님은 12일 동안 감금되어 있다가 풀려났다. 자유의 몸이 된 그는 호스니 무바라크가 대통령직을 사임하기로 결정하자 이렇게 말했다. "이것은 인터넷 혁명입니다."

2011년 이집트의 수도 카이로에서는 시민들이 타흐리르 광장을 비롯한 여러 장소를 가득 메우고 민주주의를 요구했다.

전 세계에서 일어나고 있습니다. 민주화 운동을 하는 사람들은 부패하고 독재를 일삼는 지도자를 끌어내리고, 공정하고 자유로운 선거를 통해 자신들의 대표를 뽑으려고 노력하지요. 민주화 혁명에 성공한 국가의 국민들은 나라를 이끌 최고의 지도자를 선택할 권리와 권력을 남용한 사람은 누구든지 쫓아낼 수 있는 권리를 동시에 얻게 됩니다. 이러한 권리들을 '정치적 자유'라고 하는데, 정치적 자유가 보장된 국가에서 국민의 지지로 선출된 지도자는 큰 책임감을 가지기 마련이지요.

중동에서 인구가 가장 많은 나라인 이집트에서는 2011년 1월부터 수차례의 시위가 일어났습니다. 시민 수백만 명이 침체된 경제 상황과 커져만 가는 빈부 격차에 대한 분노를 드러냈습니다. 그들은 정부에도 큰 불만을 가지고 있었습니다. 당시 대통령이었던 호스니 무바라크가 30

년 동안 이집트를 독재했기 때문이지요. 그가 통치하던 시절 이집트에서 실시된 선거는 대부분 조작되거나 불공정하게 치러졌습니다. 예를 들어 2010년 이집트 의회에서 무바라크가 이끌던 정당은 의회의 수백 석을 차지했습니다. 반면 야당의 의석은 20석에 불과했지요. 시위가 계속되자 마침내 무바라크 대통령은 권좌에서 물러났습니다. 얼마 지나지 않아 이집트인들은 수십 년 만에 처음 열리는 자유 선거를 계획했지요.

튀니지와 북부 아프리카에서도 민주화 시위가 일어났습니다. 대의 민주주의에 대한 열망은 중동 지역에도 널리 퍼졌지요. 바레인과 리비아, 시리아에서 시위가 발생했습니다. 그러나 국민들이 시위를 한다고 해서 통치자들이 순순히 자리를 내놓았던 적은 없었습니다. 각 나라의 국민들, 특히 젊은이들은 목숨을 걸고 정치 개혁을 부르짖어야만 했습니다.

### 간추려 보기

- 민주주의는 국민이 다스리는 정치 제도를 말한다.
- 민주주의 제도에서는 선거와 투표가 중요한 역할을 한다. 모든 국민이 정치 과정에 참여할 수 없으므로 국민의 의견을 대표할 사람을 선출해야 하기 때문이다. 또한 투표는 민주주의 국가에서 국민들이 정책에 대한 의견을 표출하는 데 용이하게 사용된다.
- 영국의 명예혁명, 미국의 독립 전쟁, 프랑스 혁명 같은 사건들은 현대 민주주의 제도의 기틀을 마련하는 데 큰 영향을 미쳤다. 지금도 세계 곳곳에서는 민주화 혁명이 일어나고 있다.

# 투표와 선거의 기본 원칙

오늘날 전 세계 대부분의 국가 정부는 민주주의 제도를 바탕으로 세워졌습니다. 민주
주의를 효과적으로 실행하기 위해서는 법치가 가장 중요합니다. 법에 의한 통치는 모
든 사람을 평등하게 대하기 때문이지요. 대의 민주주의는 선출제, 임명제, 다수 대표
제, 비례 대표제 등 다양한 방식으로 구체화됩니다.

오늘날 전 세계 대부분의 국가는 민주주의 제도를 실행하고 있습니다. 따라서 민주주의의 꽃인 투표와 선거가 많은 국가에서 핵심적인 역할을 하고 있지요.

## 법치주의

민주주의는 고대 로마에서부터 내려온 '법치'라는 개념에 토대를 두고 있습니다. 법치 국가에서는 헌법을 비롯한 모든 법이 모든 사람에게 동일하게 적용되고, 법을 어기는 사람은 누구든지 처벌을 받지요. 미국과 영국의 법률 사상가들은 '사람들의 정부가 아닌 법의 정부'라는 표현으로 법치를 나타내기도 합니다. 부자건 왕이건 법 위에 있는 사람은 아무도 없다는 뜻이지요.

## 헌법

민주주의 국가들은 많은 공통점을 가지고 있습니다. 헌법도 그중 하나지요. 헌법이란 정부의 구조와 국민들이 갖는 가장 기본적인 권리와 의무를 밝힌 법으로, 대개 문서의 형태로 존재합니다. 투표와 선거는 헌법에 기초해 치러집니다. 우리나라를 비롯한 일부 국가에서는 헌법에 선거에 출마할 수 있는 사람과 투표를 할 수 있는 사람의 자격에 관해서도 기록해 두었지요.

유권자들은 헌법을 만들거나 승인할 권리가 있습니다. 이 권리는 국민 투표나 그들이 선출한 대표를 통해 행해집니다. 2011년 모로코 왕국은 새로운 헌법의 승인 여부를 놓고 국민 투표를 실시했습니다. 모로코의 유권자들은 수상에게 더 많은 권한을 부여한다는 내용을 담고 있는 새 헌법을 지지했습니다.

하지만 헌법에는 문서의 형태로 존재하는 성문 헌법만 있는 것이 아닙니다. 영국은 관습이나 **판례**처럼 특별한 형식이 정해져 있지 않은 불문 헌법을 채택한 나라지요. 영국 정부는 역사의 흐름에 따라 법치의 틀

▌ 2000년 대선 당시 미국 플로리다 주에서 개표 작업에 차질이 생겨 최종 결과 발표가 늦어졌다.

2000년 미국 대선은 미국 역사상 가장 논란이 된 선거였다. 앨 고어 부통령과 조지 부시 텍사스 주 주지사, 어느 쪽이든 선거에서 승리하려면 플로리다 주 선거인단의 표가 반드시 필요했다. 하지만 일부 투표소에서 전자 개표에 문제가 발생했다. 펀치카드식 방식을 사용하는 몇몇 투표소의 전자 개표기가 상당수의 표를 제대로 인식하지 못했던 것이다.

고어는 자신의 표가 제대로 집계되지 않았을 가능성을 우려했다. 그래서 수작업으로 다시 개표 작업을 할 것을 요청했다. 그 당시 부시는 아주 아슬아슬하게 고어를 앞서고 있었다. 때문에 선거 담당 주 공무원들이 재개표 작업이 중단되어야 한다고 주장했을 때 부시는 이를 지지했다.

미국의 최고 법원인 연방 대법원이 부시의 손을 들어주면서 마침내 이 문제는 대단원의 막을 내렸다. 그러나 전체 유권자 득표율에서 고어가 앞서 있었던 터라 고어와 그의 지지자들은 재개표 작업이 중단된 점에 불만을 표했다. 고어는 대법원의 판결에 동의하지는 않았지만 깨끗이 패배를 인정하고 따랐다. 고어는 법치를 받아들이고 있었기 때문이다. 그는 이렇게 말했다. "이것이 바로 미국의 자유의 통치 이념이자 민주주의 자유의 근간입니다."

을 형성해 왔습니다. 그래서 의회가 통과시킨 법안과 판사의 판례, 어떤 정부 기관도 합법이라고 선언하지는 않았지만 시간이 지나면서 수용된 법률 조항도 영국 헌법에 포함됩니다. **의회 양원**이 통과시킨 법안을 국왕이 승인하는 것도 불문법에 속해요.

## 선출제와 임명제

대부분의 국가에서 채택하고 있는 대의 민주주의 제도는 형식이 서로 유사한 경우가 많습니다. 각 국가의 대의 민주주의 제도는 공통적으로 고대 로마에서 만들어진 행정, 입법, 사법의 **삼권 분립**에 기반을 두기 때문입니다. 같은 뿌리에서 나왔기에 비슷한 모습인 것이지요.

대의 민주주의 국가의 유권자들은 법을 만드는 사람인 입법자를 직접 선출합니다. 우리나라에서도 입법자인 국회 의원을 직접 선출하고 있습니다. 정책을 실행하는 행정 기관의 관리, 즉 총리나 장관 같은 사람들도 국민이 직접 선출하는 국가도 있습니다. 마치 대통령을 뽑는 것처럼 말이지요. 영국처럼 의회를 장악한 다수당이 관리를 지명하는 경우도 있어요. 우리나라의 경우에는 대통령이 관리를 지명합니다. 하지만 의회, 즉 국회의 동의를 받지 못하면 그 사람은 관리로 임명될 수 없습니다. 국회 의원들은 인사 청문회를 통해서 대통령이 지명한 관리를 검증합니다. 이 사람이 직무를 수행할 능력이 있는지, 도덕적인 결함은 없는지 등을 평가하는 것이지요. 그렇다고 국민이 행정 기관의 관리 임명에 아무런 권한이 없다고는 볼 수 없습니다. 관리의 자격을 검증하는 국회 의원들은 국민의 손으로 선출한 사람들이기 때문이에요.

한편 재판을 담당하는 법관은 선거가 아닌 임명제로 정하는 나라가 대부분입니다. 우리나라는 대통령이 직접 대법관을 임명하지요. 법관을 선거로 뽑는 '법관 선거제'를 실시하는 나라는 일본과 스위스, 미국 세 나라뿐입니다. 법관 선거제를 지지하는 사람들은 선거로 법관을 뽑으면 유권자들이 정치 과정에서 더 큰 영향력을 발휘할 수 있다고 하지요. 하지만 법관 선거제를 반대하는 사람들은 법관의 자리는 대중적 인기와 무관해야 한다고 주장합니다. 법관의 임무는 그저 법을 충실히 따라 공정한 판결을 내리는 것인데, 그 자리가 유권자들의 손에 결정된다면 대중에게 인기를 끌 수 있을 만한 판결을 하게 된다는 것이지요.

## 다수 대표제

국회 의원을 선출하는 방식은 나라마다 다릅니다. 주로 다수 대표제를 채택하고, 다수 대표제를 보완하는 비례 대표제를 함께 실시하는 경우도 있지요. 그렇다면 다수 대표제는 어떤 투표 방식을 말하는 것일까요? 다수 대표제란 후보자들이 실제로 투표한 수나 유권자의 표수에 관계없이 최다 득표자를 의원으로 선출하는 방식입니다. 각 선거구의 유권자들은 여러 후보 중 한 명 혹은 여러 명을 선택해서 투표합니다. 선거에서 가장 많이 득표한 후보가 그 선거구를 대표해 의회에 참석하는 국회 의원이 되는 것이지요. 다수 대표제에서는 국회 의원들이 유권자의 요구에 더욱 귀 기울이게 되는 경향이 있습니다. 선거에서 이기기 위해서는 지역구 유권자들의 한 표가 절실하기 때문이지요.

| 다수 대표제를 실시하는 나라 | 방글라데시, 벨리즈, 보츠와나, 캐나다, 프랑스(투표 2회 실시), 감비아, 인도, 말레이시아, 우간다, 영국, 잠비아 |
|---|---|
| 비례 대표제를 실시하는 나라 | 알바니아, 칠레, 덴마크, 핀란드, 이라크, 이탈리아, 모로코, 루마니아, 스웨덴, 스위스, 터키 |

## 비례 대표제

다수 대표제에는 여러 가지 문제점이 있습니다. 국민이 10명인 국가가 있다고 가정해 봅시다. 만약 이들 중 5명만이 선거에 참여해 3표를 얻은 사람이 대표가 되었다면 그 사람이 진정으로 국민들의 지지를 받았다고 볼 수 있을까요? 10명 중 3명이 선거에 출마해 각각 4표, 3표, 3표를 얻었다면 어떨까요?

다수 대표제에서는 대다수 국민이 지지하지 않는 후보가 선거에서 이기는 경우가 종종 발생합니다. 10명의 유권자 중 3명의 지지를 받아 당선된 후보의 경우처럼 말이지요. 이때는 당선된 후보의 대표성이 떨어진다는 문제가 생깁니다. 이러한 문제점을 해결하기 위해 비례 대표제를 실시하는 국가들도 있습니다. 비례 대표제란 정당의 득표수에 비

| 2001년 남수단 유권자들이 독립 여부를 놓고 실시한 선거에 참여하기 위해 긴 행렬에 서서 기다리고 있다.

**사례탐구** 새로운 민주주의를 건설한 남수단

2011년 1월, 아프리카 남부 수단의 유권자들은 수단에서 분리·독립하는 데 찬성표를 던졌다. 수단의 남부와 북부 지역은 수십 년간 전쟁을 했다. 남부에서 발견된 석유를 손에 넣으려는 북부의 야욕도 전쟁의 원인 중 하나였다.

1월 선거 결과에 따라 지구 상 가장 신생 국가인 남수단 공화국이 생겨났고, 정부 지도자들은 쉽지 않은 일을 해야 했다. 바로 헌법 제정이었다. 선거 제도를 선택하는 것도 헌법 제정에 속하는 문제였다.

아프리카에는 1960년대에 이미 독립한 나라들이 많았다. 독립 국가 중에는 한때 그들을 지배했던 유럽 국가의 선거 제도를 그대로 따르는 나라도 있었다. 하지만 선거 전문가인 로버트 게런지는 이런 나라들과 비교했을 때 남수단 사람들은 "논란의 여지는 있지만 상대적으로 선택의 여지가 더 많다."고 말했다.

남수단에 있는 스무 개가 넘는 정당의 의원들이 헌법에 관한 논의를 위해 2011년 4월에 모임을 가졌다. 그해 7월, 의원들은 영구 헌법을 구성하는 동안 시행할 임시 헌법을 통과시켰다.

헌법을 제정한 나라는 국민 대다수에 의해 수용되는 자유롭고 공정한 선거 제도를 가질 기회를 갖게 된다. 하지만 선거 제도의 종류는 너무 다양하기 때문에 의견을 하나로 모으기 어려울 수도 있다.

례하여 의석수를 배분하는 선거 제도를 말하지요. 비례 대표제는 선거에서 1등을 하지 못한 후보도 의원이 될 수 있다는 장점이 있어요. 예를 들어 현재 우리나라의 국회 의원 300명 중 54명은 비례 대표제로 뽑습니다. 유권자들은 총선에서 자신의 지역구 후보 중 한 명과 자신이 지지하는 정당 하나를 선택해야 합니다. 한 사람당 두 표를 행사하는 것이지요. 그리고 투표 결과에 따라 54개의 비례 대표 의석을 배분합니다. 어떤 정당이 전체 표수의 절반을 득표했다면 그 정당은 27석의 비례 대표 의석을 갖게 되는 것입니다.

비례 대표제는 특히 인종 갈등이나 **민족 분쟁**이 있는 나라에 적합한 방식입니다. 다양한 의견을 대표할 사람들이 모두 관직에 선출될 수 있기 때문이지요. 남아프리카 공화국은 소수의 백인이 다수의 흑인을 지배한 역사를 가지고 있습니다. **아파르트헤이트**라는 인종 차별 정책 때문에 흑인들은 정치적 권리가 거의 없었으며 백인들과 격리되어 살아야 했습니다. 1994년, 남아프리카 공화국에서 처음으로 진정한 민주주의 선거가 치러졌습니다. 유권자들은 새로운 입법부를 꾸릴 사람들을 선택했지요. 이 선거에서 흑인 최대 정당인 아프리카민족회의가 63퍼센트의 표를 얻었습니다. 의회 좌석도 그만큼 차지했어요. 남아프리카 공화국에서 비례 대표제는 인종 갈등을 잠재우는 데 효과적인 역할을 했다고 할 수 있습니다. 비례 대표제를 통해 흑인도 백인처럼 의회 정치에 참여할 수 있는 기회를 얻었기 때문이지요.

- 민주주의를 효과적으로 실행하기 위해서는 법치가 가장 중요하다. 법에 의한 통치는 모든 사람을 평등하게 대하기 때문이다.
- 대의 민주주의는 선출제, 임명제, 다수 대표제, 비례 대표제 등 다양한 방식으로 구체화된다. 선출제는 국회 의원처럼 국민의 의견을 대표할 사람을 뽑을 때 주로 사용되며 임명제는 법관처럼 대중의 지지와 상관없이 공정한 역할을 할 사람을 뽑을 때 사용된다.
- 다수 대표제는 대중의 지지를 얻은 사람이 의원이 된다는 장점과 모든 대중들의 의견을 대변하기 어렵다는 단점이 있다. 그에 비해 비례 대표제는 다양한 사람들의 의견을 대표한다는 장점이 있다.

**3**

# 정당의 역할

현대 민주주의에서 정당은 선거 과정과 통치의 핵심 요소입니다. 사람들은 정당을 통해 자신의 의견과 정치적 신념을 표현합니다. 중요한 사안에 대해 비슷한 시각을 가진 사람들이 모여 정당을 만들고, 자신들의 주장을 펼치지요. 그러나 정당 때문에 비윤리적인 일이 벌어질 수도 있습니다.

# 다음은 무엇을 나타내는 단어일까요? 사회민주, 공화, 기독교민주, 민족, 공산, 보수, 녹색, 자유. 정답은 다양한 정당들의 이름입니다. 사람들은 정당을 통해 자신의 의견과 정치적 신념을 표현하지요. 선거 과정에서 정당의 역할은 매우 중요합니다.

## 정당

현대 민주주의에서 정당은 선거 과정과 통치의 핵심 요소입니다. 정당이란 정치에 대해 비슷한 생각을 가진 사람들이 만든 단체를 말해요. 하지만 모든 문제에 대해 당원 전체의 의견이 일치하는 것은 아니에요.

정당은 후보를 선택하기도 합니다. 선거에 출마하고, 선출된 뒤 당의 공약을 실천할 후보를 찾는 것이지요. 유권자들은 선거에서 마음에 드는 후보나 자신의 신념과 가장 가까운 정당을 선택할 수 있습니다.

정당은 도덕적인 정부를 구축할 때 어느 정도 도움이 됩니다. 정권을 잡지 않은 당인 야당은 정권을 잡은 당인 여당의 활동을 면밀히 주시하지요. 그래서 의회 제도에서는 야당을 가리켜 '충심 어린 반대당'이라고

러시아의 정치전 : 권력자를 상대로 하는 소송

러시아의 대통령 블라디미르 푸틴은 수년간 러시아 정부에 대해 막강한 권력을 행사해 왔다. 2010년 푸틴은 주요 야권 지도자 3명이 공직에 있을 당시 수십억 루블을 **횡령**했다고 주장했다. 또 푸틴은 이들이 다시 공직에 앉을 경우 또다시 공금을 횡령할 것이라고 말했다. 이 발언에 야권 지도자 3명은 푸틴을 명예 훼손 혐의로 고소했다.

그 3명 중 한 명인 보리스 넴트소프는 푸틴이 공식적으로 사과하기를 바랐으며 푸틴이 벌금형을 선고받기를 기대했다. 그리고 푸틴이 내게 될 벌금이 푸틴 재임 동안에 있었던 비리를 폭로하는 데 쓰이기를 원했다. 하지만 2011년 소송은 기각되었다. 몇몇 러시아 전문가들은 푸틴의 영향력과 러시아의 정치 상황을 감안했을 때 이 사건이 재판까지 간 것 자체가 예상치 못했던 일이라고 말했다.

부르기도 합니다. 야당은 여당의 의견에 반대하기도 하지만 사실 그들이 진정 원하는 것은 나라를 위한 최선의 방안이기 때문이지요.

어떤 제도 하에서든 야당은 정부와 여당의 비윤리 행위에 맞설 수 있습니다. 야당은 이런 행위에 대해 사람들의 이목을 집중시키고, 유권자들이 그 사실을 인식해 다음 선거에서는 현재의 여당을 선택하지 않기를 바라지요. 야당은 여당이 저지른 과거의 불법 행위를 심판하기 위해 소송을 하거나 불법 행위가 일어나지 않도록 막기도 합니다. 또한 여당 이외의 목소리가 입법부에 계속 반영될 수 있도록 합니다.

정당은 사회의 중요 이슈를 다루는 공식 행사에 참가하거나 그 행사를 조직하는 데에 도움을 주기도 한다. 사진은 정부의 예산 삭감을 반대하는 런던 시위대의 모습이다.

## 현대 정당의 출현

정당의 유래는 오래되었습니다. 영국은 17세기부터 다양한 대의 민주주의 제도를 발전시켰습니다. 하지만 당시의 정부 지도자 대부분은 정당이라는 개념에 큰 관심을 보이지 않았지요. 18세기 무렵 영국 정당은 '파벌'이라고 불리었습니다. 정부 지도자들은 파벌이 이상적인 정부를 만드는 데 걸림돌이 된다고 생각했지요.

당시 정치 사상가들은 영국의 정치가 발전하려면 의원들이 의견 일치를 보거나 합의를 이끌어 내야 한다고 믿었습니다. 파벌이나 정당처럼 특정한 세력의 관점을 지지하면 국민이 대립하고 국가가 분열된다고 생각했지요. 영국은 국가가 아닌 정당에 대한 충성 때문에 나라의 힘이 약해질 수도 있다는 점을 우려했습니다.

이처럼 정당을 만드는 것에 반대하는 리더들도 있었지만 정당은 꾸준히 발전했습니다. 일반적으로 비슷한 견해를 가진 사람들은 한데 모이는 경향이 있습니다. 자신과 관점이 비슷한 정치 후보를 지지하려고 사람들이 힘을 모으는 것은 자연스러운 일이지요.

경제적 목적을 달성하기 위해 만들어지는 정당도 있습니다. 예컨대 기업가의 입장을 대표하는 정당이나 근로자의 입장을 대표하는 정당이 있지요. 또한 과거 영국의 식민지였던 인도처럼 독립을 목적으로 하는 정당이 만들어지는 경우도 많았습니다. 인도 국민의회는 대영 제국으로부터 독립하려는 목적으로 19세기에 만들어졌습니다. 오늘날에도 인도 국민의회는 인도 정치에서 중요한 위치를 차지하고 있어요. 이스라엘의 샤스당처럼 특정 종교나 민족 구성원들이 모여 정당을 만들기도 합니다. 샤스당은 신앙심이 아주 깊은 이스라엘인들을 대표하지요.

정당은 세상을 바라보는 사고 체계를 중심으로 형성되기도 합니다. 이러한 사고 체계를 '이데올로기'라고 하지요. 어떤 이데올로기를 중심으로 한 정당의 당원들은 자신들이 지지하는 이데올로기와 정치 제도가 국가에 최선이라고 믿습니다.

한 개인이 이데올로기를 만들어 정당을 이끌었던 적도 있습니다. 1930년대 초반 아돌프 히틀러와 그가 이끄는 나치당은 합법적인 선거를 통해 독일에서 권력을 잡았습니다. 하지만 나치당은 정권을 잡은 뒤 불법 행위를 일삼았습니다. 히틀러는 유대인과 슬라브족이 게르만족보다 열등하다고 생각하고 그들을 학살했습니다. 이 끔찍한 사건은 히틀러와 나치당의 잘못된 이데올로기 때문에 벌어진 일이었지요.

**뉴질랜드의 마오리족 정당**

마오리족은 뉴질랜드의 원주민이다. 영국인을 비롯한 여러 유럽 사람들이 뉴질랜드에 이주해 오면서 마오리족은 자신들이 살아왔던 땅에 대한 통제권을 잃었다. 19세기 이후 그들은 정치 참여를 통해 뉴질랜드로 온 이주민들과 똑같은 권리와 자유를 보장받으려고 노력해 왔다.

그 노력의 일환으로 마오리족은 자신들의 이익에 초점을 맞춘 정당을 만들기 시작했다. 결국 1900년대 초반에 젊은 마오리당이 만들어졌다. 하지만 의회에 진출한 마오리족 사람들은 마오리당보다 더 큰 정당, 즉 마오리 원주민만이 아니라 다양한 뉴질랜드 국민들을 대표하는 당에 소속되어 있는 경우가 많았다.

1980년대에 만들어진 여러 개의 마오리 정당 중 가장 성공한 당은 마나 모투하케당이다. 1991년에는 마나 모투하케당과 다른 소규모 정당이 합쳐져 연합당이 만들어졌다. 2004년에 만들어진 오늘날의 마오리당은 뉴질랜드 마오리족의 권익 증진을 위해 노력하며, 빈곤 해소와 건강 상태 개선 등을 주요 안건으로 내세운다.

뉴질랜드의 수도인 웰링턴에서 마오리당 대표가 연설하고 있다. 마오리당은 뉴질랜드 국민들 중 특히 마오리족의 권익에 초점을 맞추고 있다.

중국의 한 유권자가 지방 선거에서 투표함에 용지를 넣고 있다. 2011년, 중국에서는 처음으로 무소속 후보들이 지방 선거에서 승리했다.

### 새로운 정당 만들기

1991년 **소비에트 연방**이 해체되면서 소련의 지배를 받던 15개 국가가 독립했습니다. 우즈베키스탄, 우크라이나, 키르기스스탄, 아제르바이잔, 조지아 등이 그 국가지요. 독립과 함께 대부분의 나라에서 새로운 정당이 만들어졌습니다.

전 세계에서 우후죽순으로 새로운 정당이 생겨나고 있습니다. 이집트의 경우, 독재자 호스니 무바라크가 물러난 뒤인 2011년에 새 정당이 여러 개 만들어졌지요. 무바라크 집권 당시에는 독재자 무바라크가 승인한 당만 만들 수 있었습니다.

영국과 리투아니아 등 일부 나라에서는 정당을 만들고 정식 정당으

로 등록하려면 국가에 정당 등록비를
납부해야만 합니다. 이 제도를 통해
정작 정치 참여에는 관심이 없는 정당
이나 단순히 사람들의 관심을 끌어 보
려는 정당이 생기는 것을 방지할 수
있지요. 하지만 진지하게 당을 만들
고 싶은데도 정당 등록비를 낼 수 없
을 만큼 재정 상태가 나쁠 수도 있습
니다. 이런 경우에도 정당 등록비 제
도는 바람직한 것일까요?

국회 의원 선거에 출마할 수 있는 나이

| 나라 | 연령 |
|------|------|
| 호주 | 18 |
| 바레인 | 30 |
| 캐나다 | 18 |
| 가봉 | 28 |
| 이라크 | 30 |
| 파키스탄 | 25 |
| 러시아 | 21 |
| 탄자니아 | 21 |
| 영국 | 18 |
| 미국 | 25 |

또한 후보자가 되기 위해서도 많은 조건을 충족해야 합니다. 후보는
출마하려는 선거가 치러지는 나라의 시민이어야 하며, 보통 어떤 선거
에 출마하는지에 따라 달라지는 최하 연령 기준을 충족해야 하지요. 예
를 들어 우리나라에서 국회 의원 선거에 출마하려면 만 25세 이상이어
야 하고 대통령 선거에 출마하려면 만 40세 이상이어야 합니다. 대부분
의 나라에서는 무소속으로도 후보 등록이 가능하지만 일부 나라에서는
무소속 후보의 대선 출마를 금지하기도 합니다. 이스라엘과 스웨덴, 우
루과이가 여기에 속하지요.

## 러시아 신생 정당의 시련

2011년, 러시아 정부는 국민자유당의 정당 등록을 거부했습니다. 국
민자유당이 총선에 참가하지 못하게 하려는 것이었지요. 러시아 정부

■ 웨일스의 노동당 당원이 영어와 웨일스어로 쓴 노동당 지지 푯말을 들고 있다.

는 국민자유당이 공식 정당이 되기 위해 제출한 서류에 문제가 있었다고 발표했습니다. 정당 등록 시 꼭 기재해야 하는 사항 중 당의 지도부 교체에 관한 원칙이 빠졌다는 것이지요. 또한 사망했거나 나이가 어려서 투표권이 없는 사람들의 이름이 당원 명부에 등록되어 있었다고도 주장했습니다.

국민자유당 대표들은 국민자유당이 러시아의 다른 당과 똑같은 구조이고, 당원 명부에 한두 명 정도는 실수가 있었을 수도 있지만 실제 유권자 수십만 명이 당원으로 이름을 올렸다고 밝혔습니다. 국민자유당의 목표는 러시아 정부의 비리 척결이었습니다. 국민자유당과 정치 비평가들은 러시아 정부의 정당 등록 거부를 비판했습니다. 러시아 정부는 국민자유당이 정부에 대한 비판의 소리를 내지 못하게 하려고 그들의 정당한 권리를 빼앗은 것이지요.

## 정당과 비리

많은 민주주의 연구자들은 정당이 정치와 선거 과정의 필수 요소라고 이야기합니다. 그러나 정당 때문에 비윤리적인 일이 벌어질 때도 있습니다. 국민 전체를 위해 일해야 할 의원들이 사리사욕을 채우거나 소속 당의 이익을 챙기는 데 혈안이 되기도 하지요. 2011년 서아프리카의 가나에서는 국가 공무원 조세프 위탈이 가나의 정치 비리를 폭로했습니다. 위탈은 몇몇 정당이 관직에 있는 사람들에게 많은 돈을 요구했다고 밝혔습니다. '우리 정당이 당신을 관직에 임명시켜 주었으니 우리에게 그 대가를 지불해야 한다.'는 것이 그들의 논리였지요. 위탈은 후보로 임명되기 위해 정당에 검은 돈을 댄 사람들이 있다고 말했습니다.

여러 국제단체가 정당이 저지르는 비리를 척결하려고 노력 중입니다. 국제 민주주의 선거지원 연구소(IDEA, Institute for Democracy and Electoral Assistance)라는 기구는 정당의 공정한 정치 활동을 보장하기 위해 다양한 **정당 행동 강령**을 내놓았습니다. 강령의 규칙을 준수하느냐는 각 정당이 자율적으로 결정할 일입니다. 정당 행동 강령은 권장 사항일 뿐 강제되지 않기 때문이지요. 그러나 IDEA는 일단 한 나라의 정당들이 모두 강령을 따르기로 합의하면 그 나라가 강령 규칙 준수를 법으로 강제하기를 원하지요. 강령에는 "당은 다른 당이 캠페인을 벌일 권리를 존중해야 한다."고 쓰여 있습니다. 당 대표는 전 당원들이 강령

태머니 홀(Tammany Hall)은 미국 독립 전쟁에 참전했던 퇴역 군인들이 만든 정치 기구다. 19세기 뉴욕에서 만들어진 이 기구는 구태의연한 **보스 정치**의 전형으로 불리며 20세기에 들어와서도 뉴욕 시의 정치에 강력한 영향력을 행사했다. 태머니 홀은 오늘날 부정한 정치 조직을 가리키는 대명사가 되었다.

을 준수하도록 독려합니다. 2011년에 태국의 19개 정당은 IDEA 강령에 기반을 둔 규칙을 따르기로 의견을 모았습니다.

## 엽관 제도

당 대표가 가장 중요시하는 요소는 당원들의 당에 대한 충성도입니다. 그래서 당의 자원봉사자나 후원자들은 자신들의 정당 활동 참여에 따른 보답을 받을 때가 있습니다. 정부 부처의 인사권을 담당하는 의원들은 당에 대한 충성도가 높은 당원들에게 직책을 부여하기도 합니다.

이것은 19세기와 20세기에 미국의 몇몇 도시에서 발달된 정치 기구의 특징입니다. 당시 미국은 대통령의 권한이 약했기 때문에 연방 의회

가나에서 선거 비리가 있었지만, 가나 유권자들은 최근 몇 년간 실시되었던 여러 차례의 민주주의 선거에 꾸준히 참가하고 있다.

의 상원 의원들이 자기 소속 정당에 충성도가 높은 사람들에게 지방 정부의 선거에 출마할 **공천권**을 주고, 선거에서의 공로에 따라 공직을 나눠 주었습니다. 이런 제도를 '엽관 제도'라고 합니다.

엽관 제도를 비판하는 사람들도 많습니다. 엽관 제도로 인해 능력 없는 사람들이 정부 요직에 앉는 경우가 생기기 때문이지요. 그래서 요즈음 대부분의 나라에서는 개인의 역량을 증명하는 시험을 통해 공직을 부여합니다. 의원들이 마음대로 공직을 나누어 주지 못하게 하는 것입니다.

2005년 허리케인 카트리나가 미국 해안을 강타했다. 루이지애나 주의 뉴올리언스 지역 대부분이 큰 타격을 입었다.

재난 시 국민들의 구호를 책임지는 미국 연방 재난관리국(FEMA, Federal Emergency Management Agency)의 당시 국장은 마이클 브라운이었다. 그는 조지 W. 부시 미국 대통령의 측근이었는데, 재난 업무와 관련된 경력이 전혀 없는 브라운이 책임자가 된 것은 부시 대통령과의 연줄 때문인 것으로 보였다.

허리케인이 뉴올리언스를 강타한 직후, 브라운은 한 직원에게 "나 이제 퇴근해도 되겠지?"라는 이메일을 보냈다. 브라운은 뉴올리언스의 심각한 상황을 전혀 깨닫지 못했던 것이다. 사건 후 처음 며칠간 부시 대통령은 브라운의 편을 들었다. 하지만 미국 정부가 늑장 대응했다는 비판이 거세지자 브라운은 결국 사퇴했다. 이 사건은 엽관 제도의 문제를 여실히 드러낸 대표적인 사건이다.

### 간추려 보기

- 같은 가치와 사상을 공유한 사람들이 정치적 활동을 하기 위해 모인 단체를 정당이라고 한다. 정당은 민주주의 제도에서 핵심적인 역할을 한다.
- 정당은 정치 비리의 중심이 되기도 한다. 당에 대한 충성도가 높은 사람에게만 관직을 주거나, 나치당처럼 자신들의 이데올로기에 따라 독재를 펼칠 수도 있기 때문이다.

4

# 선거 캠페인

후보자들은 선거 캠페인을 통해 자신의 생각을 유권자들과 나눌 기회를 갖습니다. 유권자들은 후보들이 펼치는 캠페인을 보고 어느 후보가 자신의 관심사를 가장 잘 대변할지 파악하지요. 캠페인 도중에는 돈과 관련한 비리가 생기기도 하고, 후보들 사이에 인신공격이 오가기도 합니다.

**길을** 가다 한번쯤 요란한 노래를 틀어 놓고 선거 운동을 하는 무리를 본 적이 있을 것입니다. 사람을 많이 모아 놓고 연설을 하거나 텔레비전에 출연해 토론을 하는 후보들도 보았을 거예요. 선거 운동과 선거 운동을 하기 위한 전략, 준비 등을 모두 포함하는 활동을 '선거 캠페인'이라고 합니다.

캠페인은 선거 과정의 꽃입니다. 후보자들은 캠페인을 통해 자신의 생각을 유권자와 나눌 기회를 갖습니다. 유권자는 후보들의 캠페인을 통해 어느 후보가 자신의 정치적 의사를 가장 잘 대변할지 파악할 수 있지요.

캠페인을 하려면 돈이 많이 필요합니다. 특히 전국적인 규모일 때는 어마어마한 자금이 들지요. 그래서 정치 자금은 깨끗한 정치를 원하는 사람들의 가장 큰 걱정거리입니다. 또 '당을 대표해 선거에 출마한 후보가 공약이나 캠페인 과정에 지역 당원들의 의견을 충실히 반영해 줄 것인가?' 하는 문제도 있습니다. 후보들 사이의 **인신공격** 문제도 있지요. 후보가 오로지 선거의 승리에만 집착한다면 공정한 정치가 이루어지지 않을 수 있어요.

지방 공직자 후보는 유권자들을 직접 만나야 한다. 램 에마누엘 시카고 주지사가 기차에 탑승하려는 한 시민에게 인사를 하고 있다.

## 선거 캠페인 기간과 방식

나라마다 선거 캠페인 기간은 모두 다릅니다. 국회 의원 선거만 실시하는 **의원 내각제** 국가는 대통령제 국가에 비하여 선거 캠페인 기간이 짧은 편입니다. 영국과 호주의 중앙 정부직에 대한 캠페인 기간은 약 6주 정도입니다. 프랑스 대선 캠페인 기간은 이보다도 더 짧지요.

반면에 미국은 중앙 정부직 선거에서 아주 긴 캠페인을 벌입니다. 2012년 11월에 열린 미국 대선을 앞두고 일부 후보들은 선거 18개월 전부터 캠페인을 펼칠 것이라고 발표했습니다. 심지어 캠페인을 위한 모금 활동은 그보다 더 일찍 시작되었지요.

캠페인 내용의 전달 방식도 각 나라의 법에 따라 다양합니다. 예를 들어 일본의 경우, 인터넷이 등장하기 훨씬 전에 제정된 법에 따라 후보자가 유권자들에게 메시지를 전달하는 방식을 엄격히 제한합니다. 그래서 중앙 정부직 후보들은 선거 캠페인을 시작한 뒤에는 자신의 홍보 웹 사이트를 업데이트하지 못합니다. 모든 업데이트는 캠페인 시작 전에 완료해야 하는 것이지요. 하지만 2010년 일본 민주당 대표 후보들은 트위터를 통해 당원들에게 투표에 관한 정보를 보낸 바 있습니다. 당직을 임명하기 위한 당내 선거를 치를 때에는 이 법을 적용하지 않기 때문이지요.

세계에서 선거 캠페인에 가장 많은 자금을 쓰는 나라는 미국입니다. 2008년 미국 대선 캠페인 당시 버락 오바마 대통령이 쓴 금액은 750만 달러(약 81억 원)에 달합니다. 2012년 재선 때 사용한 금액은 이보다도 더 많았습니다.

### 후보 되기

민주주의 국가에서는 법적으로 요구되는 연령 조건과 시민권 조건만 충족시키면 누구든지 후보로 출마할 수 있습니다. 하지만 이 조건을 충족한다 해도 실제로 출마를 행동에 옮기기는 어렵습니다. 후보들은 대부분 정당의 지지를 받아야 할 뿐만 아니라 모금 운동도 해야 하기 때문이지요.

세계 각국의 정당들은 다양한 방식으로 후보를 공천합니다. 대부분의 나라는 정당이 후보 공천에 관한 자체 규정을 만드는 것을 허용합니다. 정당의 자체 규정은 지역 차원에서 시작될 수 있습니다. 심지어 정부 조직에서 일하게 될 의원도 지역구를 바탕으로 뽑을 수 있지요. 의회가 있는 대부분의 나라는 비슷한 제도를 갖고 있습니다. 지역 당원들이 선거에서 자신들의 당을 대표할 의원을 직접 혹은 간접적인 방법으로 선출하는 것이지요.

일본 등 일부 국가에서는 후보 공천에 당 지도부가 미치는 영향력이 지대합니다. 가장 낮은 직책에 출마하는 후보까지 당 지도부가 직접 지명하지요. 그렇게 선택된 후보들은 특별 수업에 참가해서 공직 출마 방법을 배웁니다. 지도부는 보통 당의 생각을 적극적으로 따를 후보를 원합니다. 가끔 소속당에서 선출된 후보를 반대하는 지도부도 있습니다. 개인적인 이유나 정치적 노선 차이 때문에 당이 분열되면 이런 일이 발생하지요.

### 누구를 선택할까요?

후보를 공천하는 당 지도부와 위원회는 누가 당을 대표해야 하는지 결정할 때 다양한 자질을 고려합니다. 후보가 연설을 잘하고 사람들의 호감을 사는지, 당의 가치를 충실하게 고수하는지, 직책에 맞는 교육을 받았거나 직무를 수행할 능력이 있는지 등을 보지요. 어떤 당은 선거에서 특정 집단의 표를 얻어 낼 수 있는 사람인지를 중점적으로 보기도 합니다. 특정한 인종이나 민족에 속하거나 특정 종교를 가진 후보는 그 집단의 표를 쉽게 얻을 수 있어서 당선될 확률이 더 높다고 생각하기 때문이지요.

일부 국가는 특정 집단에 속하는 당원을 위해 별도로 관직을 마련해 두기도 합니다. 인도는 특정 부족에게 별도의 의석을 줍니다. 마케도니

그리스 사회당의 공론 조사

그리스 사회당은 후보자를 가장 공평한 방식으로 뽑기 위해 과거에 쓴 방법들을 살펴보았다. 2006년, 사회당은 고대 그리스에서 중요 문제를 결정할 때 썼던 방법을 사용하기로 했다.

고대 그리스에서는 시민들 수백 명을 무작위로 뽑았다. 이들은 배심원으로 활동하면서 전체 시민의 투표가 필요한 안건을 선정했다. 사회당은 이와 유사한 방법으로 시장직에 출마할 지역 후보를 선출했다. 사회당은 6명의 후보 중에서 최종 지지 후보를 고르기 위해 시민 160명을 무작위로 뽑았다. 뽑힌 시민들은 후보 6명 모두에 대한 정보를 받았으며, 후보들에게 직접 질문도 던졌다. 그런 다음 각 후보에 대한 의견을 교환하고 지지 후보에게 투표했다.

'공론 조사'라고 불리는 이 과정은 미국 캘리포니아 주에 있는 스탠퍼드 대학교가 고대 그리스의 직접 선거를 바탕으로 개발한 것이다. 공론 조사를 지지하는 사람들은 이 방법을 적용하면 후보 선택 등의 정치 과정에 일반 시민들이 더욱 많이 참여할 수 있게 된다고 주장한다.

아는 여성에게 별도 의석을 할당한 몇 안 되는 나라에 속하지요. 이런 관행을 '사회적 약자 우대 정책'이라고 부릅니다. 사회적 약자 우대 정책은 사회적으로 차별받는 비주류 집단에게 의회 진출의 기회를 줍니다. 이 정책은 예전에 주류 집단이 대부분의 의석을 차지해 소외된 소수 집단이 의회에 진출하기 어려웠던 문제를 극복하기 위해 만들어졌지요.

특정 집단만을 우대하는 사회적 약자 우대 정책이 민주주의의 가치에 어긋난다고 주장하는 사람들도 있습니다. 민주주의는 모든 사람에게 균등한 기회를 부여하는 것을 목표로 한다는 것이 이 주장의 근거지요. 하지만 인도의 소수 부족이나, 남성보다 사회 진출에 제약이 많은 여성 같은 비주류 집단이 주류 집단과 함께 선거에 출마한다면 과연 그들은 동일한 출발선상에서 시작한 것일까요? 사회적 약자를 우대하는 것이 결과적으로는 우리가 바라는 진정한 민주주의를 실현하는 방식은 아닐까요?

## 선거 자금의 중요성

예전에 어떤 미국 정치가가 "돈은 정치의 모유다."라는 말을 한 적이 있습니다. 이 말은 정치가가 캠페인을 하는 데 돈이 반드시 필요하다는 뜻이지요.

▌ 버락 오바마는 2008년과 2012년 대선에서 정치 자금과 표심을 얻기 위해 인터넷을 이용했다.

하지만 돈은 정치 비리의 원인이기도 합니다. 후보들이 돈을 손에 넣기 위해서 법을 어기거나 법을 어기기 직전까지 가는 경우도 있어요. 사실 기업, 자산가, 노조 등 재력이 있는 여러 개인이나 조직은 무언가 대가를 바라는 마음으로 기부금을 냅니다. 자신이 기부금을 낸 후보가 당선되면 자기에게 이익이 돌아올 거라고 기대하는 것입니다. 정치 과정에 영향력을 행사하고 싶어서 정치 자금을 기부하는 사람들도 있습니다.

선거 캠페인 자금에 관한 법률 중에는 이해 충돌을 제한할 목적으로 만들어진 것이 많습니다. 특정인이나 조직에게 막대한 자금을 받은 정치인이 유권자가 아니라 기부자를 위한 결정을 내릴 가능성이 있기 때문입니다.

출마 자금은 정치 과정에서 가장 까다로운 문제 중 하나로 손꼽힙니다. 선거를 돈 없이 치를 수 있다면 이런 문제가 해결될 수도 있겠지만, 안타깝게도 민주주의 선거에는 항상 돈이 필요하지요.

'한 정당이나 후보자가 상대보다 더 많은 돈을 모금하고 사용하는 것이 공평한 일인가?'라는 의문을 던지는 사람들도 있습니다. 일부 국가들처럼, 백만장자가 선거에 출마해서 자기 돈을 캠페인 활동에 쓴다면 민주주의가 더 잘 실현될까요? 많은 사람이 '그렇지 않다.'고 대답합니다. 어떤 이들은 이에 대한 해결책으로 후보가 공적 자금을 쓰도록 하는 안을 내놓기도 하지요.

### 선거 비용 보전 제도

선거 비용 보전 제도란 선거가 끝난 뒤 선거 운동에 들어간 돈을 국가가 갚아 주는 제도를 말합니다. 정해진 기준 이상의 표를 얻은 후보는 선거 비용을 돌려받을 수 있기 때문에 이 제도를 채택하고 있는 국가에서는 후보가 받을 수 있는 기부금의 액수를 제한합니다. 또 한 후보가 선거 운동에 자신의 사적인 재산을 많이 쓸 경우 국가가 다른 후보들에게 그보다 더 많은 금액을 지급하기도 합니다. 돈이 정치와 선거를 좌지우지하는 일이 없도록 전 세계 150개 국가가 공적 자금을 마련해 놓았습니다.

나라별 공적 자금 지급 방식

| 지급 방식 | 나라 수 |
|---|---|
| 모든 정당에 동일 | 18 |
| 이전 선거에서의 정당 득표율에 기반 | 30 |
| 의석 수에 기반 | 18 |
| 선거에 출마한 후보 수에 기반 | 28 |

하지만 모든 이들이 공적 자금을 지지하는 것은 아닙니다. 공적 자금을 반대하는 사람들은 국민들이 낸 세금을 국민 대다수가 반대하는 정당을 지원하는 데 써서는 안 된다고 주장합니다. 특히 공적 자금 때문에 교육이나 보건 등 국민들이 필요로 하는 부문에 예산이 적게 분배될 때는 반대가 더 심해지지요. 또한 정당은 돈이 필요할 때마다 정부가 지급하는 공적 자금에 의지하며 직접 일반 유권자들을 만나 기부금을 받으려는 노력을 덜 할 수도 있습니다.

대부분의 나라에서는 정치 자금 문제를 개인 기부금에 관한 법으로 해결합니다. 회사와 개인이 낼 수 있는 기부금 액수에 제한을 두기도 합

대선에 출마한 후보들은 텔레비전과 라디오 광고뿐만 아니라 신문 광고에도
캠페인 자금을 쓴다.

니다. 캐나다나 이스라엘 같은 몇몇 나라에서는 기업의 기부 자체를 아예 금지하지요. 외국인이나 외국 기업에게 기부금을 받는 것을 금지하거나 제한하는 나라도 많습니다.

### 정치 자금 후원

공정한 선거를 진행하기 위해 출마한 후보에게 기부금 내역 신고를 요구하는 나라가 많습니다. 후보자는 자신에게 기부한 사람이 누구인지, 기부한 금액은 얼마인지 정부에 알려야 하지요. 후보의 소속 당에서도 이 기부금 내역을 반드시 알아야 합니다. 신고된 정보는 대중에게 공개되어 모든 사람은 해당 후보를 지지하는 사람이 누구인지 알 수 있지요. 이를 알면 대중들은 어느 정치인에게 어떤 이해관계가 있는지 더

잘 알 수 있게 됩니다.

유권자들은 현재 직무를 수행 중인 정치인의 입법 활동 경향을 파악하고 이를 기부자 명단과 비교할 수 있습니다. 어떤 정치인이 대기업이나 부유한 기부자에게 더 유리한 법안에 찬성표를 던진 경우가 많고, 그 법안이 선거구의 유권자 대부분이 반대한 것이라면 유권자들은 그 정치인이 공익보다 사익을 중요하게 여긴다고 판단할 수 있겠지요. 만약 어

---

#### 집중탐구 정치활동 위원회

미국은 기업과 노조의 정치 활동이 활발하다. 일부 기부자와 정치가들은 기부에 대한 법적 제한에도 여전히 정치 자금을 기부할 방법을 찾는다. 미국의 정치활동 위원회(PACs, Political Action Committees)는 막대한 기부금이 들어오는 출처 중 하나다. 모든 기업이나 조직은 정치활동 위원회를 꾸릴 수 있다. 환경 보호 등 특정 사안을 지지하는 단체 역시 정치활동 위원회를 만들 수 있다.

정치활동 위원회의 돈을 받는 공직자들은 해당 위원회가 원하는 법률을 통과시킬 가능성이 크다. 2011년 미국의 정유 회사들이 만든 정치활동 위원회는 자신들이 지지하는 의원들에게 11억 원 이상의 자금을 뿌렸다. 그리고 그 돈을 받은 의원들은 정유 회사에 특별한 감세 조치를 허락하는 데 표를 던졌다. 이는 정유 회사에게 유리한 세금 정책이었다. 이러한 부정적인 사례가 있지만 여전히 정치활동 위원회를 지지하는 사람들은 정치활동 위원회가 같은 후보를 지지하는 사람들이 함께 모일 기회를 주며, 이것은 국민들의 법적 권리라고 주장한다.

**사례탐구** 영국 의회의 세비 스캔들

영국 의원들은 투명한 정치를 위해 수입의 출처를 공개할 법적 의무가 있다. 이 정보는 인터넷으로 열람이 가능하다. 의원 수입 공개법을 만든 목적은 유권자들의 결정에 영향을 미칠 수 있는 의원들의 재정적 요소를 누구나 쉽게 알 수 있도록 하기 위해서다.

하지만 정부가 의원들에게 주는 돈의 사용 내역은 그보다 덜 공개된다. 2008년과 2009년에 영국 유권자들은 의원들이 정치와는 아무 상관 없는 사적인 일에 의원 보조금을 유용했다는 사실을 알게 되었다. 몇몇 의원들은 지역구를 떠나 마련한 두 번째 집에 놓을 가구 구입비를 요청하거나, 보조금으로 주어지는 것 이상의 금액을 챙겼다. 또 정치 활동과 관련이 없는 자신의 아들에게 돈을 준 의원도 있었다. 세비 스캔들이 발각된 의원들은 처음에는 자신이 법을 어기지 않았다고 주장했다. 하지만 분노의 여론이 가라앉지 않자 일부 의원은 사용한 돈을 국가에 갚았다. 어떤 의원들은 다음 선거의 패배가 두려워 돈을 갚기도 했다. 한편 경비 영수증 조작으로 감옥에 가거나, 다시는 의원직에 출마하지 않기로 선언한 의원도 있었다.

떤 후보가 국민 전체가 아니라 자신에게 기부한 사람들에게만 이익이 돌아가게 하는 것처럼 보인다면 국민들은 그 사람이 당선되지 않도록 힘을 모으기도 합니다.

유권자에게 후보들의 모금 방식을 공개하는 것은 선거 투명성을 보장하는 수단입니다. 투명한 모금을 하자는 것은 정치 과정을 최대한 개

방하고 누구나 알 수 있도록 하자는 의미지요. 유권자가 선거에서 최선의 선택을 할 수 있도록 후보자와 정치 과정에 대해 최대한 많은 정보가 공개되어야 합니다. 하지만 2009년까지만 해도 후보자에 대한 기부금을 공개하는 법률이 없는 나라가 수십 개국에 달했습니다. 국제 사회는 전 세계의 선거 투명성이 확대될 수 있도록 국제 연합(UN, United Nations)을 중심으로 계속해서 힘을 쏟고 있습니다.

전문가들은 재정 투명성 문제를 완벽하게 해결할 수 있는 나라는 없다고 말합니다. 이 문제 때문에 의사 표현의 자유와 관련된 이야기까지 나오기도 합니다. 돈을 기부하거나 정치 광고에 사용하는 것이 의사 표현의 자유 보장과 관련된다고 보는 나라도 있기 때문이지요. 그래서 법

**사례탐구** 합법적인 기부, 불법적인 사용

합법적으로 받은 정치 자금을 불법적으로 사용하는 경우도 있다. 2008년 에후드 올메르트 이스라엘 총리가 수년 전 미국의 기업가로부터 불법 자금을 받은 혐의로 고소됐다. 총리는 그 돈을 캠페인 활동에만 사용했다고 주장했다. 하지만 경찰은 총리가 개인적 용도로도 그 돈을 사용했다며 그를 기소했다. 이스라엘 관계자는 올메르트 총리가 선거비 신고가 법적 의무임에도 그 돈을 신고하지 않았으며, 기부자의 사업에 유리하도록 연줄을 대 주려고 했다고 주장했다. 이 기소 사건과 다른 불법 자금 스캔들 때문에 올메르트 총리는 총리직에서 물러나야 했다.

안을 만드는 의원들과 법안을 적용하는 법원은 공정하고 자유로운 선거를 위해 권리의 균형을 맞추어야 합니다.

### 선거 운동 중의 비리

한 단체나 개인이 낼 수 있는 기부금에 상한선을 두는 것과 더불어 일부 후보들은 개인적으로 자신에게 할 수 있는 후원의 규모나 종류를 제한하기도 합니다. 후보들은 자신이 기부자에게 영향을 받을 가능성이 적다는 점을 유권자들에게 보여주어 좋은 이미지를 남기고 싶어 하니까요.

하지만 불법적인 경로로 어떻게든 돈을 받으려는 후보도 있습니다. 남미에서는 이 문제가 여러 차례 불거졌습니다. 예를 들어 콜롬비아에서는 마약 중개인이 정치 캠페인에 엄청난 액수의 돈을 기부합니다. 기부를 했으니 선출된 사람들이 자신들의 불법 행위를 눈감아 주기를 바라는 것이지요. 불법 마약 거래와 관계가 있는 파크(FARC, Fuezas Armadas Revolucionaria de Columbia)라는 콜롬비아 반군도 후보에게 기부금을 보냈습니다. 2011년에는 파크와 라파엘 코레아 에콰도르 대통령 사이의 관계를 나타내는 증거가 나왔어요. 하지만 라파엘 대통령은 파크로부터 어떤 돈도 받지 않았다고 공식 부인했습니다.

### 워터게이트 사건

선거에서 이기기 위해 범죄 행위를 지시한 후보도 있습니다. 1972년 리처드 닉슨 미국 대통령은 공화당 후보로 재선에 출마했습니다. 그런

리처드 닉슨(오른쪽)이 대통령 자리에서 사임한 후 백악관을 떠나고 있다. 닉슨을 대신해 제럴드 포드 부통령(왼쪽)이 대통령에 취임했다. 포드는 대통령이 되자마자 전임자인 닉슨을 **사면**해 여론의 반발을 샀다.

데 그와 그의 보좌관들이 불법 행위를 저질렀지요. 민주당의 후보 진영에 몰래 잠입하려는 계획을 세웠던 것입니다. 이 계획의 목적은 민주당 사무실에 도청 장치를 설치해서 닉슨 대통령이 민주당의 캠페인 계획을 사전에 입수하려는 것이었습니다.

민주당 사무실이 있던 워터게이트 건물에 잠입을 시도했던 괴한들은 모조리 체포되었습니다. 이 사건을 '워터게이트 **스캔들**'이라고 불러요. 닉슨 대통령은 2년간 워터게이트 스캔들을 무마해 보려고 했습니다. 닉슨 대통령은 공개적으로는 자신이 워터게이트 사건과 아무런 관련이 없다고 주장했습니다. 하지만 한편으로는 침입자들과 자신의 재선 팀 사이의 관계를 은폐하려고 했지요. 결국 〈워싱턴 포스트〉의 보도로 닉슨 대통령이 저지른 일에 대한 진실이 밝혀졌습니다. 닉슨 대통령은 자신에게 불리한 증거가 늘어나자 탄핵되기 전에 자진 사퇴했습니다. 닉슨은 미국에서 스캔들 때문에 대통령직을 내놓은 유일한 대통령입니다. 워터게이트 스캔들은 투표와 선거가 공정하게 치러져야 한다는 것을 보여준 대표적인 사건이지요.

## 알아두기

선거 캠페인 중 발생하는 비윤리적 행위들은 돈과 관련해서만 생기는 것이 아니다. 수백 년 동안 후보들은 상대 후보를 깎아내리려는 시도를 해 왔다. 이 것을 '네거티브 캠페인'이라고 부른다. 네거티브 전략은 후보나 후보를 위해 일하는 사람들이 상대 후보에 관한 나쁜 소문을 퍼뜨리는 방식으로 이루어진다. 주로 상대 후보가 법을 어겼다는 내용이 많다. 심지어는 네거티브 캠페인을 펼치느라 법을 어기는 경우까지 있다.

## 간추려 보기

- 선거 캠페인이란 후보가 당선되기 위해 자신을 알리는 모든 활동을 말한다.
- 선거 캠페인은 많은 사람이 선거에 참여하도록 유도할 수 있고, 후보가 자신의 생각을 효과적으로 전달할 수 있다는 장점이 있다. 하지만 과도한 선거 캠페인은 공정한 선거를 진행하는 데 방해가 되기도 한다.

# 언론이 투표와
# 선거에 미치는 영향

후보자와 정당은 선거 메시지를 널리 알리기 위해 언론에 의존합니다. 신문, 텔레비
전, 라디오, 정치와 관련된 웹 사이트도 모두 촉각을 곤두세우고 후보자의 말과 행동
을 보도합니다. 유권자들에게 후보 선택에 필요한 정보를 전하려고 노력하는 것이지
요. 최근에는 소셜 미디어가 선거 캠페인에서 중요한 역할을 하게 되었습니다.

# 후보자와

정당은 선거 메시지를 널리 알리기 위해 언론에 의존합니다. 신문, 텔레비전, 라디오, 정치와 관련된 웹 사이트도 모두 촉각을 곤두세우고 후보자의 말과 행동을 보도합니다. 유권자들에게 후보 선택에 필요한 정보를 전하려고 노력하는 것이지요. 각종 매체는 유권자들이 특히 중요하게 여기는 사안을 중심으로 살펴볼 만한 주제를 직접 구성하기도 합니다.

## 정치 보도

이해관계가 첨예하게 대립하는 선거철에는 보도 방식 때문에 매체에 대한 비판이 일기도 합니다. 어떤 매체가 후보가 말한 바의 진위 여부나 후보의 정책이 유권자들에게 미치는 실제 영향에 관해서 제대로 조사하지 않을 수도 있습니다. 미국에서는 매체가 후보의 득표 전망에만 초점을 맞추는 일명 '경마식 보도'에 쏟는 시간을 줄이고 공약 등의 핵심 사안에 대한 보도를 늘려야 한다는 비판이 나옵니다.

후보에 관한 보도가 불공평할 때도 있습니다. 어떤 후보가 다른 후보들보다 더 많이 보도될 수도 있고, 특정 후보에 대한 보도에서 그 후보

캠페인의 문제점만 유독 강조될 수도 있습니다. 이러한 편향은 방송국 경영진의 시각을 반영하기도 합니다. 이들은 자신의 마음에 드는 후보에게는 유리하고 마음에 들지 않는 후보에게는 불리하도록 매체를 이용할 수 있지요.

미국에서 선거에 나서는 후보들은 선거 **컨설턴트**의 도움을 받는 경우가 많습니다. 선거 컨설턴트 중 상당수는 전직 언론계 종사자입니다. 컨설턴트들은 물건을 파는 것과 같은 방법으로 후보를 판매한다는 아이디어를 냈습니다. 감정에 호소하는 광고로 시청자들이 후보를 편하게 느끼도록 하는 것이지요. 하지만 이런 정치 광고는 공격형 광고와 듣기

### 인물탐구 루퍼트 머독(1931.3.11.~)

호주 출신의 루퍼트 머독은 세계 최대의 언론 재벌 기업 회장이다. 그의 정치적 입장은 매우 보수적인데, 머독의 언론사는 이러한 편향적인 시각을 반영할 때가 많다.

어떤 사람들은 머독의 힘이 지나치게 큰 것을 우려하기도 한다. 정치에 대한 매체의 영향력 때문이다. 머독이 소유한 언론 매체는 그의 이익에 반하는 정치가에 대해 부정적인 보도를 한다는 비판을 받는다. 머독의 영향력에 관한 비판적인 시각은 2011년 그의 신문사 중 하나가 개인용 휴대 전화의 음성 메시지를 불법적으로 입수하고 경찰을 매수하기도 했다는 사실이 알려지면서 더욱 커졌다. 머독은 영국의 전·현직 총리들과도 긴밀한 관계를 유지하고 있는 것으로 알려졌다.

캐나다의 한 정치인이 언론과 인터뷰하고 있다. 정치인으로 성공하려면 언론과 소통하는 데 능숙해야 한다.

싫은 짧은 슬로건을 포함하기도 합니다. 후보들은 자신을 선택할 만한 후보로 보이게끔 하는 광고 슬로건을 끊임없이 반복하지요.

　미국의 정치 컨설팅은 전 세계로 퍼져갔습니다. 일부 비판자들은 이러한 종류의 광고는 유권자들에게 중요 사안에 대해 적절한 정보를 제공하지 못한다고 주장합니다. 하지만 짧고 명확한 슬로건은 투표를 할지 하지 않을지 고민하던 사람들을 투표소로 불러들이는 효과가 있습니다.

## 정치 광고

캠페인 기간 동안에는 정치인이 언론 매체를 이용하는 일이 규제되는 경우가 많습니다. 예를 들어 스위스에서는 후보자의 모든 매체 광고가 금지됩니다. 후보자들이 모두 동시에, 제한적으로 텔레비전에 출연하는 것만 허락되는 나라도 있습니다. 어떤 나라에서는 후보자가 텔레비전 방송에 출연하려면 돈을 지불해야 하지요. 심지어 독일에서는 후보들이 홍보 광고판을 세울 수 있는 기간을 2~3주 정도로 제한합니다.

텔레비전 광고의 중요성도 나라마다 다릅니다. 텔레비전 보급률이 낮은 가난한 나라에서는 후보들이 라디오나 포스터 또는 신문 광고에 더 의존하지요.

## 광고의 종류

어떤 매체를 선택하든 후보들은 여러 가지 방식의 광고를 할 수 있습니다. 정보 전달을 주목적으로 하는 광고가 대부분인데, 후보에 관한 정보와 그 후보의 정책 공약에 대한 내용을 담고 있지요.

최근 몇십 년 동안에는 일명 '공격형 광고'가 인기를 끌고 있습니다. 후보나 그들을 지지하는 정치활동 위원회, 그 후보의 팬클럽 등이 상대 후보를 공격하는 것이지요. 그러나 공격형 광고는 진실을 왜곡하거나 유권자들에게 허위 사실을 전할 때도 있습니다.

예를 들면 2004년 한 공격형 광고는 미국 대선 후보인 존 케리가 베트남 전쟁에 군인으로 참전했을 당시의 개인적인 과거사에 대해 거짓말을 했다고 주장했습니다. 그때 케리는 나중에 이 선거의 승자가 된 조지

W. 부시와 경합을 벌이고 있었어요. 결국 그 광고의 주장은 허위로 밝혀졌지만 광고는 그 뒤에도 케리 후보에게 부정적으로 작용했습니다. 부시는 그 광고에 대해 비판적인 태도를 보이지 않았습니다. 부시는 광고의 주장이 거짓임이 밝혀지고 결국 광고가 내려질 때까지 공격형 광고가 만든 케리에 대한 부정적인 이미지의 덕을 보았습니다.

1996년 영국의 보수당은 노동당 토니 블레어 후보의 눈 부분을 악마처럼 빨간색으로 그린 광고를 냈습니다. 이 광고는 사람들이 무의식 중에 블레어가 신뢰할 만한 인물이 못 된다고 생각하게 했지요. 하지만 많은 정치 전문가들은 그 광고가 보수당에 유리하게 작용하지도 않았다고 생각합니다. 오히려 보수당에 역효과가 났다고 생각했지요. 그만큼 심한 그림이었거든요.

### 새로운 매체

21세기에는 페이스북, 블로그, 트위터 등 인터넷 소셜 미디어라는 새로운 매체가 등장했습니다. 그리고 이 소셜 미디어는 정치 캠페인에서 중요한 역할을 하게 되었습니다. 오늘날 많은 정치인들은 소셜 미디어를 통해서 유권자들에게 다가갑니다.

2010년 영국 총선거에서 주요 양당은 인기 소셜 네트워크 사이트에 광고를 싣고 실시간 대화도 했습니다. 몇몇 의원들은 선출된 뒤에도 소셜 미디어를 통해 유권자들과 지속적으로 소통하지요.

버락 오바마 미국 대통령은 첫 대선 후보로 나섰던 2008년, 인터넷을 통해 모금 활동을 했습니다. 그는 자신의 페이스북 페이지를 이용해서 약 55억 원에 달하는 금액을 기부받았지요. 온라인으로 모금한 이 돈은 사무실을 여는 데 사용되었습니다. 오바마는 이 사무실에서 더 많은 유권자와 직접 소통할 수 있었지요. 오바마는 인터넷 덕분에 민주당이나 기존 매체의 보도 또는 텔레비전 광고에 의존하지 않고 직접 유권자들과 만날 수 있었습니다. 그의 기금 모금 방식이 성공을 거두자 전 세계의 정치가들도 선거 캠페인 기간 동안 소셜 미디어를 활용하게 되었지요.

이처럼 소셜 미디어를 긍정적으로 이용하는 경우가 있는 반면, 자신의 트위터나 페이스북에 생각 없이 쓴 글 때문에 곤욕을 치르는 정치인들도 많습니다. 정치인은 공인이기 때문에 개인적인 발언에도 주의를

▌니콜라 사르코지 프랑스 전 대통령은 페이스북을 이용해서 프랑스의 유권자들과 소통했다.

기울여야 하지요.

소셜 미디어를 선거와 정치에 적극 활용한 사람은 정치인뿐만이 아닙니다. 네팔의 각 당 대표들은 2010년에 새로운 헌법을 입안하기로 되어 있었습니다. 그러나 그들은 2011년이 되어서도 이 계획을 실행하지 않았고, 이에 화가 난 젊은 유권자들이 인터넷으로 모여들었습니다. 그리고 각 정당에게 헌법 입안에 착수할 것을 요구하는 페이스북 페이지를 만들었지요. 이 페이지는 헌법 초안 작성이 더딘 것에 항의하는 네팔 국민들의 소식을 해외에 알리는 데도 한몫했습니다.

### 전문가 의견

우리는 정치 과정에 혼선을 일게 하려는 것이 아니다. 왜냐하면 우리는 모두 민주주의와 자유의 가치를 믿기 때문이다. 우리는 이미 민주주의 국가인 네팔의 민주주의를 더욱 강화시키려는 것 뿐이다.

**- 프라샨트 싱 네팔의 페이스북 캠페인 창시자**

## 간추려 보기

- 선거 캠페인에서 매체는 중요한 역할을 한다. 매체를 통해 국민들과 정치인이 직접 소통할 수 있고, 선거에 출마한 후보들이 자신을 알리는 데에도 효과적으로 이용될 수 있기 때문이다.
- 최근에는 신문, 텔레비전과 같은 전통적인 매체 이외에 인터넷을 이용한 홍보 활동도 활발하게 전개되고 있다.

# 유권자와 투표 과정

과거에는 많은 사람들이 투표권 획득을 목표로 삼았던 시절이 있었습니다. 재산, 성별, 인종 등의 기준에 따라 투표권을 제한하는 국가가 많았기 때문입니다. 역사적으로 볼 때 투표권은 점차 확대되어 왔습니다.

**투표는** 대의 민주주의 국가의 국민이 갖는 가장 큰 권리이자 의무입니다. '누가, 어떤 방법으로 선거를 하는가?'를 생각해 보면 그 국가가 나아가고 있는 방향을 짐작할 수 있어요.

많은 사람들이 투표권, 즉 투표할 수 있는 권리를 획득하는 것을 지상 최대의 목표로 삼았던 시절이 있었습니다. 투표권이 오늘날처럼 보편적으로 주어지지 않았기 때문입니다. 어느 정도 재산이 있는 사람에

20세기 초반, 투표권을 요구하는 여성들은 체포될 위험을 감수해야 했다.

**사례탐구** 미국의 투표권 제한

미국에는 헌법적 권리로 보장되는 투표권을 박탈하거나 제한하려고 한 주 정부도 있었다. 이러한 움직임은 1865년에 노예 제도가 금지된 미국의 일부 지역에서 특히 많았다. 이들은 지금까지 노예 신분이었던 흑인들이 자신들과 똑같이 투표권을 행사하는 것을 참을 수 없어 했다.

1870년에 수정된 미국 헌법에는 모든 남성에게 투표권이 있다고 적혀 있었다. 1920년이 되어서야 여성들에게도 투표권이 부여되었다. 하지만 남부의 주(州) 정부는 흑인과 일부 백인이 투표를 하기 힘들게 만드는 법안을 통과시켰다. 투표세를 부과하기로 한 것이다. 그 법에 따르면 유권자들은 투표를 할 때 일정 금액을 지불해야 했다. 하지만 자유의 몸이 된 지 얼마 되지 않은 노예들은 거의 무일푼에 가까워서 투표세를 낼 수가 없었다. 읽기와 쓰기 시험을 도입한 주도 있었다. 그 주의 유권자들은 투표를 하기 전에 자신이 읽고 쓸 수 있다는 것을 증명해야 했다.

투표권이 제한된 사람들은 투표세와 시험 제도가 비윤리적일 뿐 아니라 법에도 어긋난다고 생각했다. 그들은 주 정부를 상대로 소송을 걸었고 결국 1965년 투표세와 시험 제도는 미국 전역에서 사라지게 되었다. 그러나 최근 몇 년간 일부 보수 정치가와 작가들은 읽기와 쓰기 시험을 다시 시행하자고 주장하고 있다. 그들은 유권자들이 미국의 헌법과 정부 운영 방식을 이해한다는 것을 시험을 통해 증명해야 한다고 생각한다. 시험 제도를 주장하는 사람들이 보기에, 헌법과 정부 운영 방식을 이해하지 못하는 사람은 투표를 해도 국가의 이익에 아무런 도움을 주지 못하기 때문이다.

게만 투표권을 준 나라도 있었습니다. 20세기 전에는 여성에게 투표권을 부여하지 않았던 나라가 더 많았지요. 또 법적으로는 투표권이 주어졌던 특정 민족, 인종, 종교 그룹들이 실제로 투표권을 행사하기는 어려웠던 나라들도 있었습니다. 이들이 투표하는 것을 방해한 사람들이 있었기 때문이지요.

## 오늘날의 투표 제한

모든 성인에게 투표권을 주는 것을 '보통 선거'라고 부릅니다. 역사적으로 볼 때 투표권은 점차 확대되어 왔지만 일부 국가에서는 아직도 투표권에 제한을 둡니다. 대개 투표를 할 수 있는 연령을 18세나 21세 이상으로 정해 두지요. 우리나라를 비롯한 대부분의 국가는 특정 범죄를 저지른 기록이 있으면 투표권을 박탈하지만 몇몇 국가는 범죄자에게도 투표권을 줍니다.

정신 장애인에게 투표권을 주지 않는 나라도 많습니다. 정신적으로 문제가 있는 사람은 정치 과정 중의 쟁점을 이해하지도 못하고 제대로 결정을 내려 투표하지도 못할 거라고 생각했기 때문이지요. 하지만 정치적 결정을 하지 못할 정도의 정신 장애가 어느 정도인지에 대한 기준을 누가 정할 수 있을까요? 선출된 공직자들이 그 기준을 정할 수 없다는 것은 확실합니다. 공직자들이 정신 장애를 가진 어떤 사람이 투표권을 제대로 행사할 수 있는지 없는지 파악하는 것은 불가능하기 때문이지요. 장애의 정도와 관계없이 정신 장애를 가지고 있다는 이유만으로 한 사람의 국민으로서 보장받아야 할 투표권을 제한할 수는 없습니다.

2006년, 영국은 투표를 통해 정신 장애인들의 선거권 제한 조항을 폐지시켰습니다. 캐나다와 아일랜드를 비롯한 몇몇 나라도 정신 장애인들의 투표권을 보장하고 있습니다. 우리나라도 정신 장애인의 투표권을 보장하지요. 물론 의사가 어떤 사람에 대해 '이 사람은 올바른 판단을 내리지 못할 것'이라는 소견을 밝히면 그 사람의 투표권은 제한되기도 합니다.

오늘날 투표권을 가장 극단적으로 제한하는 나라는 사우디아라비아일 것입니다. 사우디아라비아의 여성들은 아직 투표권이 없습니다. 2011년 사우디 여성들이 여성 투표권을 요구하는 웹 사이트를 만들었

▋ 2011년 사우디아라비아 여성들이 투표권을 요구하기 위해 투표 등록 센터 밖에 모여 있다.

습니다. 2011년 후반에는 사우디 정부 부처 중 한 곳도 여성들에게 투표권을 부여하라고 요구했습니다. 결국 사우디 국왕은 이를 승인했고, 2015년부터는 여성들도 지방 선거에 참여할 수 있을 거라고 말했지요.

## 의무 투표

투표가 단순한 권리가 아니라 법적 의무인 나라도 있습니다. 투표를 할 수 있는 모든 국민에게 투표권 행사의 의무를 부과한 나라가 수십 개국에 달합니다. 그래서 어떤 나라에서는 투표를 하지 않으면 벌금을 내야 합니다. 하지만 명목상으로는 의무 투표제를 실시하면서 적극적으로 그 법안을 실행하지는 않는 국가도 있습니다. 태국과 볼리비아가 여기에 속하지요.

의무 투표제를 지지하는 사람들은 대의 민주주의에서는 가능한 한 많은 사람이 투표를 하는 것이 좋다고 주장합니다. 의무적으로 투표를 하게 하면 국민들이 적극적으로 중요 사안에 대한 정보를 찾아볼 가능성도 커진다는 것이지요. 하지만 의무 투표제 반대자들은 투표를 의무

---

### 생각해 보기

법적으로 투표권이 있는 사람들은 반드시 투표를 할 의무가 있을까? 아니면 핵심 사안과 후보에 대해 잘 모르는 사람들은 투표를 안 하는 편이 더 나을까?

## 나라별 투표율과 의무 투표법 여부

| 나라 | 연도 | 투표율(%) | 의무 투표법 |
|------|------|-----------|-------------|
| 호주 | 2010 | 93.2 | 있음 |
| 칠레 | 2009 | 87.7 | 있음 |
| 캐나다 | 2011 | 61.4 | 없음 |
| 에티오피아 | 2010 | 93.4 | 없음 |
| 프랑스 | 2007 | 60 | 없음 |
| 인도네시아 | 2009 | 71 | 없음 |
| 이탈리아 | 2008 | 80.5 | 없음 |
| 멕시코 | 2009 | 44.1 | 없음 |
| 영국 | 2010 | 65.8 | 없음 |
| 미국 | 2010 | 40.9 | 없음 |

로 하면 민주주의에서 중요하게 생각하는 자유의 가치에 반하게 된다고 말합니다. 정치적 선택권이 있다는 말은 무언가에 참여하지 않을 권리도 있다는 뜻이거든요. 물론 의무 투표제를 실시한다 해도 유권자들이 아무것도 찍지 않은 빈 종이를 낼 수도 있습니다. 그 경우 의무 투표제는 투표권 행사라는 본래 취지와는 완전히 어긋나게 됩니다.

의무 투표제를 실시하지 않는 나라에는 투표에 참여하지 않는 유권자들이 많습니다. 미국처럼 자율 투표 등록제를 실시하는 나라에서는 투표 등록 자체를 하지 않는 사람들을 쉽게 볼 수 있어요.

### 감소하는 투표율

많은 나라의 투표율이 수년간 하락했습니다. 영국의 1950년 선거에서는 등록된 유권자의 84퍼센트가 투표를 했습니다. 투표율은 시간이 지나면서 감소해 2010년 선거에서는 66퍼센트에 그쳤습니다. 미국은 선거 종류에 따라 투표율이 오르내립니다. 수년 동안 지방 선거보다 대통령 선거의 투표율이 훨씬 높았지요.

### 부정 투표

대의 민주주의는 '1인 1표' 원칙을 따릅니다. 투표 자격이 있는 모든 사람에게 투표권을 주되, 한 사람이 오직 한 표만 행사할 수 있다는 점을 분명히 하려는 것이 목표지요. 선거 관계자는 이 원칙에 매우 민감합

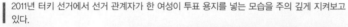
2011년 터키 선거에서 선거 관계자가 한 여성이 투표 용지를 넣는 모습을 주의 깊게 지켜보고 있다.

고대 아테네의 투표는 공개 투표였지만, 오늘날의 대의 민주주의에서는 비밀 투표가 원칙이다. 비밀 투표를 통해 부정 선거를 줄일 수 있다.

비밀 투표의 전통은 19세기 호주에서 시작되었다. 당시에는 대부분의 투표가 공개 투표였다. 호주의 일부 유권자들은 고용주나 권력자들이 투표에 영향을 미칠 수도 있다는 점을 우려했다. 권력자들이 자신의 의견과 다르게 투표한 사람에게 보복할 가능성이 있었기 때문이다. 또한, 투표가 완전히 종료되기 전에도 그때까지의 결과가 실시간으로 공개되어서 투표 중간에 누가 이기고 있는지를 알 수 있었다. 이 때문에 선거에서 지고 있는 후보들은 자신에게 표를 던질 만한 사람들을 찾아다니기도 했다.

호주는 이러한 문제점들을 해결하기 위해 비밀 투표를 도입했다. 유권자들은 후보들의 이름이 인쇄된 투표 용지에 기표를 마친 뒤 자물쇠로 잠긴 투표함에 직접 그 용지를 넣었다. 개표 작업은 선거가 완전히 끝난 뒤에만 이루어졌다. 그래서 비밀 투표제는 호주식 투표제라고도 한다.

니다. 개인과 정부 모두 당선되기 위해 가능한 한 모든 방법을 동원하려고 하기 때문입니다.

예컨대 한 개인이 다른 사람의 이름을 사용하여 두 번 이상 투표를 하려고 하는 경우도 있습니다. 이런 일을 방지하기 위해 투표자의 신분증을 확인하는 곳도 있습니다. 우리나라처럼 말이지요. 두 번 이상 투표하다가 적발된 사람은 벌금형이나 징역형을 선고받게 됩니다. 누군가가 다른 사람의 이름을 도용해 부재자 투표를 신청하는 경우도 마찬

가지로 부정 투표입니다.

또한 특정 후보자를 위해 불법 표를 추가하는 방법도 있어요. 2011년 터키 총선 때 가짜 투표지를 사용하려는 혐의로 체포된 사람들이 있었습니다. 이뿐 아니라 정부가 투표함에 특정 후보의 표를 넣을 수도 있습니다. 정당 대표를 선출하기 위한 투표에서 선거 관계자들이 당내 권력을 주도하기 위해 가짜 표를 추가하는 경우도 있지요.

### 금권 선거

일부 국가에서는 후보들이 돈으로 표를 사는 일이 일어나기도 합니다. 즉 사람들에게 돈을 주고 자신에게 투표하도록 하는 것이지요. 이러한 방식의 부정 선거를 금권 선거라고 합니다. 태국은 금권 선거로 유명합니다. 2011년 총선에서도 선거 비리가 발생했지요. 지금도 태국에는 공정한 선거를 요구하는 반정부 시위가 벌어지고 있습니다.

일부 인도 유권자들도 자신에게 표를 던져 달라며 정당이 건네는 돈을 받았습니다. 인도의 집권 여당인 국민의회가 의원들의 지지를 이끌어 내려고 비자금을 챙겨 두었다는 보고도 있었지요.

미국의 몇몇 도시에서는 다른 사람들이 선거에 동참하도록 도와주는 봉사자들에게 돈이나 소정의 기념품을 주기도 합니다. 이 돈과 기념품도 정당이 주는 것이기는 하지만 표를 찍어 주는 대가로 준 것이 아니기 때문에 이 돈을 쓰는 것은 합법입니다.

공정하고 합법적인 선거를 보장하는 일은 민주주의 국가에서 매우 중요합니다. 만일 유권자들이 선거에 비리나 불법 행위가 개입되었다고 생각한다면 그 정부는 국민의 신뢰를 잃게 되지요.

### 투표소 감독

사람들은 전체 선거 과정에 불법적인 일이 개입되지 않도록 많은 단계에 걸친 노력을 합니다. 첫 번째 단계는 개별 투표소 감독이지요. 개별 투표소에서는 유권자가 명부에 등록되어 있는지, 또 한 사람당 한 번만 투표를 했는지를 그 지역의 선거 관계자가 확인합니다.

유권자 수가 7천1백만 명이 넘는 인도는 세계 최대의 민주주의 국가입니다. 인도의 선거 관리 위원회는 선거 과정에서 불법적인 일이 일어

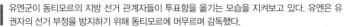

유엔군이 동티모르의 지방 선거 관계자들이 투표함을 옮기는 모습을 지켜보고 있다. 유엔은 유권자의 선거 부정을 방지하기 위해 동티모르에 머무르며 감독했다.

**터키의 강제 투표**

비밀 투표의 목적은 개인이 찍은 표를 다른 사람이 모르게 하는 것이다. 하지만 누군가의 협박과 현대 기술이 결합하면 개인이 누구를 뽑았는지 알 수도 있다. 정당이나 정부는 협박을 통해 유권자가 특정 후보를 뽑도록 강제하기도 한다.

2011년 터키 선거에서 바로 이런 일이 일어났다. 일부 시민들은 휴대 전화의 카메라로 자신이 투표한 용지를 찍으라고 강요받았다. 이들은 나중에 특정 정당 관계자에게 찍은 사진을 보여 주며 그 정당 후보에게 표를 던졌다는 사실을 증명해야 했다. 시민들은 정당이 요구한 대로 후보를 선택하지 않으면 위험한 일이 생길 거라는 협박까지 받았다. 협박에 대한 소문이 들리자 선거 관계자들은 모든 유권자에게 기표소 안에 휴대 전화를 가지고 들어가는 것을 금지시켰다.

나지 않도록 5백만 명이 넘는 선거 관계자와 경찰을 감독합니다.

국제 조직에서 파견된 감독관이 투표소와 개표 과정을 감독하기도 합니다. 국제 조직들은 어떤 국가가 이제 막 민주주의를 시작했거나 폭력 상황에 직면했을 때 관여할 가능성이 높습니다.

2010년, 동아프리카에 있는 부룬디의 선거 기간 동안 국제 연합(UN) 관계자가 선거 과정을 감독했습니다. 오랫동안 내전을 치른 부룬디는 유권자들에게 선거 과정의 투명함을 보장해서 투표에 참여하도록 하기 위해 국제 조직의 도움이 필요했거든요. 국제 연합의 지원까지 받았지만 결국 선거에 출마하기를 거부한 후보들도 있었습니다. 그 후보들은 선거 과정의 초반에 이미 부정행위가 일어났다고 생각했어요.

미국 일부 주의 유권자는 투표 용지를 받기 전에 정부에서 발행한, 사진이 부착된 신분증을 보여 주어야 합니다. 우리나라의 경우에도 유권자가 신분증을 제시해야 하지요. 신분 확인을 지지하는 사람들은 이 방법이 유권자 부정행위를 막을 수 있다고 주장합니다. 하지만 사실 유권자 부정행위가 발생하는 비율은 극히 낮습니다.

2005년 이후 인디애나 주는 투표자 신분 확인법을 놓고 격렬한 법적 논쟁을 벌였습니다. 이 법안에 반대하는 사람들은 신분증을 요구하면 투표권을 행사하기가 어려운 시민들도 있다고 주장했어요. 특히 노약자, 빈곤층, 소수 인종 등의 투표권 행사가 어려울 수 있다는 것이 법안 반대자들의 주장이었지요. 법안 반대자들은 이러한 계층들은 민주당에게 표를 던지는 경우가 많으며, 투표자 신분 확인법을 지지하는 대다수는 공화당이라고 말했습니다. 공화당이 선거에서 이기기 위해 추진하는 법안이라는 것이지요. 미국은 우리나라와 달리 모든 성인에게 신분증을 발급하지 않습니다. 그래서 투표자 신분 확인법이 시행되면 투표를 하기 위해 일부러 신분증을 발급받아야 되는 것이지요. 결국 논쟁은 소송으로 번졌습니다.

2008년 미국의 연방 대법원은 인디애나 주의 투표자 신분 확인법이 미국 헌법에 위배되지 않는다는 판결을 내렸습니다. 그 뒤 투표권 보호단체는 이 판결이 모든 유권자에게 적용되지 않는다는 이유로 소송을 제기했습니다. 부재자 투표 시에는 사진이 부착된 신분증을 보여 주지 않아도 투표를 할 수 있었기 때문이지요. 그들은 부재자 투표를 할 때도 신분증을 확인해야 한다고 생각했습니다. 하지만 2010년 인디애나 주 법원은 이 소송을 기각했습니다. 모든 판사가 투표자 신분 확인법이 합헌이라는 데 동의한 것은 아니었거든요. 한 판사는 투표권에 관해 뭔가를 바꾸고 싶으면 단순히 법안을 통과시킬 것이 아니라 주 헌법 자체를 바꾸어야 한다고 말했습니다.

### 국민 투표

투표를 할 때 유권자들은 자신들의 삶에 지대한 영향을 미칠 대표자와 리더를 선택합니다. 하지만 투표라고 해서 꼭 누군가를 선출하는 것과 관련이 있지만은 않아요. 법률 제정이나 헌법 승인에 관해 투표자에

유럽 전역에서 유럽 연합(EU, European Union)의 헌법을 지지할 것인가에 대한 국민 투표가 치러졌다. 이 포스터는 '찬성' 표를 던지라고 주장하고 있다.

게 더 직접적인 역할을 허락하는 나라가 많이 있습니다. 이런 종류의 투표를 국민 투표라고 부릅니다.

## 주민 소환

법률 제정, 헌법 승인 등에 관해 찬성 또는 거부권을 행사하는 것뿐만 아니라 선출직 공직자의 파면 문제를 놓고 유권자의 의견을 묻는 국민 투표도 있습니다. 이러한 종류의 국민 투표는 '주민 소환 제도'라고 부르기도 합니다. 공직에 있을 자격이 없다고 판단되는 공직자를 불러 문제 상황에 대한 설명을 들은 후 투표를 실시하기 때문이지요. 단순히 대중의 지지를 받지 못해 소환되는 공직자도 있고, 재임 중에 잘못을 저지르거나 신체적 또는 정신적으로 업무를 수행할 수 없게 되어서 소환되는 공직자도 있습니다. 일반적으로 소환 과정은 등록된 유권자들의 서명을 받는 것으로 시작됩니다. 일정 수 이상의 서명 수집 과정이 끝나면 실제 국민 투표를 실시하지요.

**소환 투표**는 지방 공직자를 대상으로 하는 경우가 많습니다. 하지만 에티오피아와 나이지리아 등 일부 국가에서는 중앙 공직자를 대상으로도 소환 투표를 허가합니다. 이 나라들을 비롯한 몇몇 나라에서는 유권자들이 소환 투표를 시작할 수 있습니다. 우리나라도 국민들이 직접 소환 투표를 발의할 수 있어요. 다른 나라에서는 국가 공무원이 소환 투표를 시작하고, 유권자들은 단순히 이를 인정 또는 거부하는 것으로 의견을 표현하지요.

모든 사람이 소환 투표권을 달갑게 여기는 것은 아닙니다. 소환 투표에 반대하는 사람들은 선출된 공직자들이 제 임기를 마칠 수 있어야 한

우고 차베스는 1998년 남미의 베네수엘라에서 대통령으로 선출되었다. 임기 동안 그는 일부 국민들이 비윤리적이거나 불법이라고 생각할 수 있는 방식으로 권력을 행사했다. 선거 결과에 대한 부정 문제도 제기되었다. 그러던 중 2001년 차베스 대통령은 입법부에게 특별한 권한을 부여받아 베네수엘라의 최상위 부유층에 해가 되는 법안을 통과시켰다.

차베스와 대립했던 베네수엘라의 기득권 세력은 그를 대통령직에서 해임시키기 위해 소환 투표를 요청하기로 결정했다. 2004년 차베스의 대통령직 해임에 대한 국민 투표가 실시되었다. 대통령직을 놓고 벌인 역사상 최초의 국민 소환 투표였다. 투표 결과 차베스는 기득권 세력을 제외한 대다수 민중들의 지지를 받아 승리했다. 차베스는 이뿐만 아니라 2006년 재선에서도 승리를 거두었다. 결국 그는 총 4번이나 대통령에 당선되었다.

다고 말합니다. 공직자의 정책이 마음에 안 들면 다음 선거에서 다른 사람을 뽑으면 된다는 것입니다. 또한 선출된 사람들이 법을 어길 경우에는 정부가 나서서 이들의 직위를 해제하기 위해 탄핵 절차를 밟을 수도 있으니 굳이 국민이 직접 나설 필요가 없다고 주장하지요. 반면 소환 투표를 지지하는 사람들은 소환을 통해서 유권자들이 정부 건설에 보다 직접적으로 참여할 수 있다고 합니다. 공직자들이 유권자들이 자신을 해임할 수 있다는 것을 알면 유권자의 목소리에 귀를 기울일 가능성도 높아질 테니까요.

## 최종 결과

투표가 종료되면 개표가 시작됩니다. 어떤 경우에는 선거 관계자들이 직접 손으로 표를 세기도 합니다. 컴퓨터를 사용해서 기록과 개표 작업을 하는 나라도 있지요. 각 투표소에서 표를 세어 집계하기도 하고, 모든 투표함을 직접 중앙 개표 사무실로 가져와 세야 하는 경우도 있습니다. 어떤 경우든지 선거 관계자들은 모든 표가 제대로 개표되었는지 확인해야 하지요. 당선자가 공식적으로 확정 발표된 뒤에야 임기 시작을 알리는 행사가 치러집니다.

하지만 확정 발표된 당선도 취소될 수 있습니다. 선거가 끝난 뒤 선거

---

**사례탐구** 빌 클린턴 미 대통령 탄핵

미국에서 가장 최근에 탄핵 위기에 처했던 대통령은 빌 클린턴 전 대통령이다. 1998년 클린턴은 거짓 증언과 수사 방해 혐의로 기소당했다. 수사의 핵심은 클린턴과 두 명의 젊은 여성의 관계였고, 그 결과 그는 탄핵 위기에 몰렸다.

미국의 탄핵 절차는 두 단계로 이루어진다. 우선 의회 절반의 구성원인 하원이 누군가의 위법, 또는 비윤리적인 행위에 대해 탄핵 절차를 개시한다. 그러면 의회의 나머지 절반을 구성하는 상원에서 그 사람의 유죄 여부와 직위 해임 결정을 내린다. 상원은 클린턴의 두 가지 혐의에 대해 무죄라는 판결을 내렸으며, 클린턴은 대통령직을 계속 유지할 수 있었다.

결과에 대해 이의 제기를 할 수 있는 기간이 있기 때문입니다. 선거 부정은 큰 문제여서, 이의 제기 기간을 두어 문제가 있었는지 살펴볼 기회를 주는 것입니다.

2010년 아프가니스탄에서 부정 선거에 반대하는 폭력 사태가 발생

---

### 사례탐구 인도의 종이 기록표

최근에 많은 나라가 부정 투표를 줄이려는 취지에서 투표 도구를 전자 투표기로 전환했다. 전자 투표기로 이루어지는 투표에서는 아무도 컴퓨터를 조작해 표수를 늘릴 수 없으며, 개표 과정에 사람이 개입할 수도 없다. 하지만 여전히 전자 투표 때문에 발생할 수 있는 문제에 대해 우려하는 사람들이 있다.

2009년, 과학자들은 투표 기계를 해킹해서 투표 결과를 바꿀 수 있다는 가능성을 보여 주었다. 이 문제에 대처하기 위해 인도의 몇몇 정당은 종이 기록표를 남기는 전자 투표기를 사용하자고 제안했다. 이 기계는 컴퓨터와 종이 모두에 투표 결과를 기록한다. 유권자들은 투표 후에 기계가 자신들의 투표를 정확히 기록했는지 확인하기 위해서 종이 기록표를 살펴볼 수 있다.

2011년 인도는 모의 선거를 하면서 이 기계를 미리 테스트했다. 선거 위원회 관계자는 기계가 잘 작동했다고 말했다. 하지만 어떤 사람들은 일부 유권자들이 자신이 찍은 표에 대한 종이 기록표를 받지 못했다고 말했다. 선거 위원회 관계자는 실제 선거에서 이 기계가 사용되기 전에 그 문제를 해결할 수 있을 것이라고 전했다.

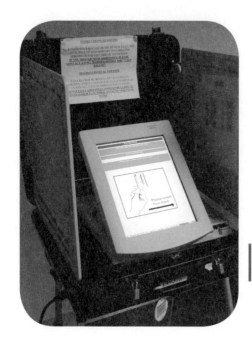

미국 텍사스 선거에 사용된 이 기계처럼 컴퓨터를 이용한 투표가 점점 보편화되고 있다.

했습니다. 아프가니스탄의 선거 위원회에 접수된 투표 과정에 대한 고발 건수는 약 6천 건이었습니다. 어떤 경우에는 특정 투표소의 모든 표가 무효 처리되기도 했습니다. 선거 관계자가 그곳의 투표가 올바르게 이루어졌는지 보증할 수 없었기 때문이지요. 결국 선거 위원회가 전체 당선자를 발표하기까지 2개월 이상이 소요되었습니다.

때로는 2000년 미국 대선처럼 후보나 정당이 선거 결과에 법적으로 이의 제기를 하는 경우도 생깁니다. 이 경우 결국 선거 결과에는 아무 문제가 없는 것으로 밝혀져도 새 정부를 꾸리는 데 어려움이 생길 수 있습니다. 2010년 이라크에서 일어난 일처럼 말이지요. 당시 이라크에는 의회에서 다수석을 차지한 당이 없었습니다. 따라서 논의를 주도할 세력이 없었기 때문에 장관과 대통령 등 중요한 직책을 어떻게 임명할지를 놓고 9개월간 논의를 벌였습니다.

불행하게도 어떤 경우에는 선거 결과가 폭력으로 이어지기도 합니다. 이미 선거 부정이 만연해 어떠한 법적 조치도 신뢰할 수 없다고 생각하는 집단이 있을 수 있어요. 아니면 선거에서 패배한 기존 공직자가 자리에서 내려오기를 거부할 수도 있지요. 2010년 알라산 와타라 후보가 서아프리카의 코트디부아르 대통령으로 선출되었습니다. 다른 나라에서는 그의 승리를 인정했어요. 하지만 당시 코트디부아르의 대통령이었던 로랑 그바그보가 사임을 거부하면서 두 사람의 지지자들 사이에 폭력 사태가 벌어졌지요. 싸움은 다음 해까지 이어졌고, 그 결과 수백 명이 목숨을 잃었습니다.

---

### 간추려 보기

- 투표는 국민들이 중요한 사안에 대해 자신의 의견을 표출할 수 있는 도구다.
- 사람들은 투표 과정에서 일어날 수 있는 부정 행위를 막기 위해 다양한 제도적·기술적 노력을 기울인다.

---

# 오늘날의 투표와 선거

현대 민주주의 사회에서 사람들은 선거를 통해 자신들이 바라는 세상에 대한 의견을
표현할 수 있습니다. 그러나 이 과정이 항상 쉽지만은 않아서 갈등과 충돌이 생겨나
기도 하지요. 투표와 선거는 민주 시민의 소중한 권리입니다.

**인간은** 수천 년에 걸쳐서 여러 종류의 정부 형태를 발전 시켰습니다. 그중 대의 민주주의는 유권자들에게 개인의 삶을 향상시킬 최대한의 기회를 주는 형태입니다. 사람들은 대의 민주주의 하에서 선거를 통해 자신들이 희망하는 사회에 대한 의견을 표현할 수 있습니다.

대부분의 나라에서는 투표를 통해서 평화적으로 **정권이 이양**됩니다. 유권자들은 투표로 특정 대표를 선택해 자신의 의견을 표현하지요. 이 과정이 늘 쉬운 것만은 아닙니다. 하지만 민주주의는 지구 상에서 가장

### 전문가 의견

정치 제도에서 신뢰를 회복하는 것은 우리가 반드시 해야 할 일이다. 재정 투명화와 의회 개혁이 신용 회복의 중심이다. 또한 나라가 잘 통제되고 있고, 정치인들은 국민의 주인이 아니라 하인이라는 점을 확실히 하는 것이 필요하다.

– 데이비드 캐머런 영국 총리, 2010년 5월 총리직 수락 연설 중에서

많이 선택되는 정부 형태이며 투표가 우리 사회에서 매우 중요한 시민의 권리이자 의무인 것은 분명한 사실입니다.

## 서로 다른 권리와 의무

선거에서 당선된 사람들에게는 입법이나 법률 이행 등에 관한 큰 권력이 주어집니다. 때로는 이 권력에 대한 욕망 때문에 비리와 부정 선거가 발생하지요. 당선만 될 수 있다면 어떤 일이든지 감수하겠다는 후보들도 있습니다. 게다가 일부 부유층은 그 후보들을 통해 끊임없이 자신들에게 유리하게 정치 제도를 고치려고 시도합니다. 투표 결과에 승복하지 않으려는 권력자들도 있지요. 이 사람들은 유권자에게 공정한 선택의 기회를 주지 않고 자신의 권력을 계속 유지하려고 합니다.

법치는 선거 캠페인과 투표 과정에서 일어날 수 있는 비윤리적 행위를 줄이는 데 도움이 됩니다. 국가는 법적으로 허용되는 것과 그렇지 않은 것을 법률에 상세히 명시해야 하지요. 그러나 무엇보다 정부의 법 이행 의지가 확고해야 합니다. 선거가 공정하고 투명하게 이뤄지도록 언론 매체와 사회 단체가 관여할 때도 있습니다.

한편 유권자에게도 의무는 있습니다. 출마한 후보와 정치 이슈에 관해서 스스로 알아보아야 하지요. 그리고 혼자 기표소에 들어가서 자신이 아는 정보를 기반으로 최고의 후보와 정당을 선택해야 합니다. 누구도 투표를 대신해 줄 수는 없으니까요. 민주주의는 사람들에게 많은 권리와 자유를 줍니다. 투표와 선거를 공정하고 깨끗하게 치르면 민주주의가 보장하는 자유가 사라지지 않도록 지킬 수 있지요.

우리가 살고 있는 이 사회에는 너무나 많은 사람들이 있습니다. 그 래서 때로 우리 개인의 힘은 매우 미약하게 느껴지기도 하지요. 하지만 우리가 투표와 선거를 통해 표출하는 의견이 국가의 미래를 결정짓습니다. 투표와 선거는 민주 시민의 소중한 권리이자 의무지요.

## 전문가 의견

참여, 의견 교환, 토론, 정보 확산, 경험을 통해 깨달은 점은 우리 삶의 변화와 향상을 이끌 수 있다. 그리고 지역 사회의 통치 가치와 그들의 삶에 영향을 미칠 수 있는 결정을 존중하고, 지지하며, 참여하는 시민들 역시 우리 삶의 변화와 향상을 이끌 수 있다.

**— 앤드루 엘리스 민주주의 선거지원 국제 연구소**

## 간추려 보기

• 투표와 선거는 민주주의를 발전시키는 중요한 요소다. 민주주의 국가 의 시민에게 투표와 선거는 의무이자 권리다.

# 용어 설명

**공직자** 공무원. 나라의 공적인 업무를 맡아 하는 사람. 이들은 국가 정책 결정과 그 시행 등의 일을 하고 국민의 세금으로 보수를 받는다. 따라서 공직자에게는 높은 도덕성과 사명감이 요구된다.

**공천권** 정당이 대통령이나 국회의원, 공직자 선거에 출마할 후보를 추천할 권리.

**국정 운영** 한 국가의 통치 제도와 그 구체적인 방법, 국민과 정부의 관계, 국가가 해야 할 일 등을 모두 합친 개념. 최근에는 사회를 구성하고 있는 시민 단체나 기업들이 정부 기관과 함께 국정 운영에 참여하고 있다.

**군부 독재** 한 국가의 군 조직 출신 인물이 주도권을 잡고 있는 독재 체제.

**군주제** 보통 '왕이 다스리는 체제'를 뜻한다. 군주제에서 군주의 자리는 아버지에서 아들로 세습되는 경우가 대부분이다. 군주가 헌법에 따라 다스리는 '입헌 군주제'와 모든 권력이 군주에게 집중되는 '전제 군주제'로 나뉜다.

**마그나 카르타** 대헌장. 원래 영국의 귀족들이 권리를 주장하는 내용을 담고 있는 문서였으나, 시간이 지난 후에는 영국 국민 전체의 권리를 옹호하는 근거로 쓰이게 되었다.

**민족 분쟁** 한 지역에 둘 이상의 민족이 공존할 때 그들 사이에서 벌어지는 분쟁. 소수 민족은 다수 민족에게 지배받지 않고 자신들 고유의 삶을 유지하고 싶어 하는데, 이 때문에 분쟁이 생기는 경우가 많다.

**배심원** 판사, 검사, 변호사 등의 법조인은 아니지만 재판에 참여하는 일반 시민들. 이들의 판단이 재판의 결과에 결정적인 영향을 미치기도 한다. 재판에 배심원을 참여시키는 배심원 제도는 긍정적 요소와 부정적 요소를 모두 가지고 있다.

**보스 정치** 보스는 보통 특정 지역에서 정치적 영향력을 지닌 사람을 뜻한다. 보스는 공식적으로 공직에 선출된 사람이 아님에도 실질적인 권력을 지니고 있다. 따라서 보스 정치에서는 보스와 그를 따르는 사람들이 개인적인 이익만을 추구하고 책임은 지지 않으려 하는 문제점이 나타난다.

**사면** 대통령이 특별히 갖는 권한 중 하나로, 범죄를 저지른 사람이 처벌받지 않도록 구제하는 것.

**삼권 분립** 국가의 권력을 입법, 사법, 행정의 세 종류로 분리하는 것. 권력이 특정 분야로 집중·남용되는 것을 막기 위한 제도다. 입법은 의회(국회)에서 법을 만드는 일, 사법(법원)은 그 법을 적용하는 일, 행정(정부)은 정책을 집행하는 일을 한다.

**소비에트 연방** '소련'이라고도 불리는 사회주의 연방 국가. 1922년 결성된 소비에트 연방은 초반에는 공산당을 중심으로 세계의 사회주의 국가들을 이끌었으나 결국 공산주의를 포기하며 1991년 해체되었다. 현재의 러시아, 카자흐스탄, 우즈베키스탄을 비롯한 15개 국가가 소비에트 연방을 구성했던 나라들이다.

**소환 투표** 아직 임기가 끝나지 않은 선출직 대표를 투표를 통해 선출직에서 물러나도록 하는 것. 정해진 수의 유권자들이 동의하는 경우 시행될 수 있다. 미국의 몇몇 주에서는 소환 투표와 함께 그 후임자를 정하는 투표를 시행하기도 한다.

**수니파** 이슬람의 종교 세력 중 하나. 이슬람교를 믿는 사람들 중 약 90퍼센트를 차지한다. 나머지 10퍼센트를 차지하는 시아파와는 오랜 갈등을 겪고 있다. 신비주의적인 모습을 보이는 시아파와 달리 수니파는 합리성을 추구하는 이슬람 정통파라 할 수 있다.

**스캔들** 사람들에게 널리 알려져 큰 충격을 주는 사건 또는 소문. 보통 부도덕한 사건이 많기 때문에 스캔들의 당사자에게 매우 불명예스러운 일이다.

**식민지** 다른 나라의 지배를 받는 나라. 전쟁이나 침략에 의해 다른 나라에게 주권을 빼앗기면 그 나라는 식민지가 된다. 이때 식민지를 지배하는 다른 나라를 본국이라고 한다. 보통 식민지는 본국에게 경제적 착취를 당하고, 정치적 자유를 잃게 된다.

**아파르트헤이트** 남아프리카 공화국의 인종 차별 정책. 17세기에 백인들이 남아프리카 공화국으로 이주하며 시작되었다. 백인이 흑인보다 우월하다는 생각을 바탕으로 만들어진 정책이며, 이로 인해 남아프리카 공화국의 흑인들은 정치에 참여할 수 없었고 백인과 결혼할 수도 없었다. 수많은 노력 끝에 1993년 폐지되었다.

**유권자** 선거할 권리, 즉 선거권을 가진 사람.

**의원 내각제** 의회를 구성하는 의원들 중 다수가 속해 있는 당이 내각을 구성해 국가의 행정권을 갖는 정치 제도. 대부분의 민주주의 국가는 의원 내각제와 대통령제 중 하나로 운영되고 있다. 의원 내각제에서는 보통 내각의 우두머리인 수상 혹은 총리가 실질적인 정치 권력을 행사하며, 대통령이나 왕은 상징적인 역할을 수행한다.

**의회 양원** 두 종류로 나뉘어 있는 의회 구성원을 모두 이르는 말. 예를 들어 미국의 상원 의원과 하원 의원, 일본의 참의원과 중의원을 함께 가리키는 말이다. 한국의 경우에는 국회 의원이 두 종류로 나뉘지 않으므로 이 말이 적용되지 않는다.

**인신공격** 상대방이 주장하는 내용을 비판하는 것이 아니라 상대방의 사적인 일을 문제 삼아 비난하는 것. 특히 공적인 논쟁 중에는 인신공격을 피해야 한다.

**자치주** 한 국가 안에서 특정 지역민들의 자치를 인정하도록 설정한 지역. 주로 그 나라의 소수 민족이나 원주민들이 자치주를 이루고 살아간다. 중국, 러시아 등 많은 민족이 섞여 살아가는 나라 안에 존재한다.

**정권 이양** 특정 인물이나 정당이 지니고 있었던 정치적 권한을 다른 사람이나 정당에게 넘겨주는 것.

**정당 행동 강령** 당의 구성원, 즉 당원들이 지켜야 할 규칙. 이러한 당의 기본 입장을 따르지 않을 경우 윤리적 비난을 받을 수 있다.

**조세 제도** 국가가 국민으로부터 세금을 걷는 것에 관련된 제도. 여러 가지 종류의 세금들이 서로 겹치거나 충돌하지 않도록 조정하는 역할을 한다.

**철권 통치** 글자 그대로 풀이하면 쇠주먹으로 다스린다는 뜻. 백성 혹은 국민들을 폭력적인 방식으로 대하는 정치를 이르는 말이다. 많은 독재자들이 철권 통치를 했다는 평가를 받는다.

**총선** '총선거'의 줄임말로, 의회를 구성하는 모든 의원을 선출하는 선거. 그 나라의 정치 제도가 의원 내각제인지 대통령제인지에 따라 총선이 시행되는 시기가 다르며 총선이 갖는 의미도 다르다.

**컨설턴트** 상담가, 자문위원. 어떤 전문적인 문제에 대해 잘 알고 그 해결 방안 제시를 직업으로 하는 사람을 뜻한다.

**판례** 유사한 다른 사건에 대해 이전에 내려졌던 재판의 결과.

**혁명권** 정부가 국민의 생명이나 자유, 행복 등을 침해하는 경우 국민은 그 정부를 파괴하고 새로운 정부를 만들 권리가 있다는 것. 즉 혁명을 일으킬 수 있는 권리를 가진다는 의미다.

**횡령** 다른 사람의 재산을 대신 관리하는 어떤 사람이 그 재산을 마음대로 개인적인 일에 사용하는 것.

# 연표

| | |
|---|---|
| 기원전 500년대 | 아테네에서 직접 민주주의가 시작되었다. |
| 기원전 509년 | 고대 로마에서 공화정이 수립되었다. |
| 기원전 494년 | 고대 로마에 호민관이 생겨났다. |
| 기원후 1215년 | 영국에서 대헌장 마그나 카르타가 승인되었다. |
| 1265년 | 영국에서 의회가 시작되었다. |
| 1679년 | 영국에 최초의 정당인 토리당과 휘그당이 생겨났다. |
| 1688년 | 영국에서 명예혁명이 일어났다. |
| 1689년 | 영국에서 선거의 자유를 보장하는 내용을 담고 있는 권리 장전이 제정되었다. |
| 1773년 | 미국에서 보스턴 차 사건이 일어났다. |
| 1775년 | 미국 독립 전쟁이 일어났다. |
| 1776년 | 미국 독립 선언문이 발표되었다. |
| 1789년 | 프랑스의 제3계급이 국민의회를 선언했다. 프랑스 혁명이 일어났다. |
| 1793년 | 프랑스에서 모든 남성에게 투표권을 부여했다. |
| 1832년 | 영국에서 선거법이 개정되었다. 이로 인해 중산층까지 선거권이 확대되었다. |
| 1840년대 | 영국의 노동자들이 선거권을 요구하며 차티스트 운동을 벌였다. |

| | |
|---|---|
| 1867년 | 영국에서 토리당과 휘그당이 완전한 정당 조직인 보수당과 자유당으로 발전했다. |
| 1914년 | 제1차 세계 대전이 발발했다. |
| 1920년 | 미국에서 여성 참정권이 보장되었다. |
| 1923년 | 소비에트 연방이 탄생했다. |
| 1924년 | 영국에 노동당이 생겨났다. |
| 1928년 | 영국에서 남녀가 평등한 완전한 보통 선거제가 시행되었다. |
| 1940년 | 제2차 세계 대전이 발발했다. |
| 1945년 | 제2차 세계 대전이 종료되었다. |
| 1946년 | 프랑스에서 여성 참정권이 보장되었다. |
| 1948년 | 한국에서 독립을 계기로 남녀평등 참정권이 인정되었다. 한국에서 5.10 총선거가 시행되었다. |
| 1958년 | 영국에서 재산을 기준으로 의원 출마 자격을 제한했던 제도가 철폐되었다. |
| 1965년 | 미국에서 흑인들의 참정권이 보장되었다. |
| 1987년 | 아이티의 총선거가 폭력사태로 중단되었다. |
| 1993년 | 남아프리카 공화국에서 아파르트헤이트 정책이 철폐되었다. |
| 1994년 | 남아프리카 공화국에서 민주주의 선거가 시행되었다. |
| 2011년 | 이집트의 무바라크 대통령이 사퇴했다. |
| 2012년 | 이집트에서 자유 선거가 시행되었다. |

# 더 알아보기

### 중앙선거관리위원회 www.nec.go.kr
우리나라에서 실시되는 선거를 관리하는 기관인 중앙선거관리위원회 사이트로 선관위에서 어떤 일을 하고 있는지 알아볼 수 있다. 또한 각종 선거 부정 등을 신고할 수도 있으며, 우리나라에 존재하는 정당들의 활동과 공약을 소개한다.

### 선거통계시스템 info.nec.go.kr
중앙선거관리위원회에서 운영하는 사이트. 선거가 시행될 때 실시간으로 후보의 득표율과 개표 현황 등을 집계해 알려 준다. 이전에 치러졌던 선거에 대한 통계 정보들도 제공한다.

### 국제선거제도재단 www.ifes.org
모든 사람들이 자유롭고 공정한 선거에 참여하게 되는 것을 목표로 삼고 각 나라에 민주적인 선거 제도가 정착될 수 있도록 돕는 국제선거제도재단의 사이트. 전 세계에서 시행 중인 선거들이 어떤 제도에 따라 운용되는지 알려 준다.

### 대한민국 국회 www.assembly.go.kr
선거를 통해 선출된 국민의 대표들이 어떻게 의정 활동을 하고 있는지 알 수 있다. 입법 현황, 예산 현황, 회의 현황 등을 통해 국회 의원들의 활동을 감시함으로써 후에 더 나은 대표에게 표를 던질 수 있다.

### 국민신문고 www.epeople.go.kr
국가 공무원들이 국정 운영 과정에서 저지른 부패 행위나 잘못된 점을 국민신문고의 민원 신청을 통해 바로잡을 수 있다. 또한 대표자를 거치지 않고 정책 제안을 할 수 있어서 국민이 직접 국정 운영에 참여할 수 있다.

# 찾아보기

**내인생의책**은 한 권의 책을 만들 때마다
우리 아이들이 나중에 자라 이 책이 '내 인생의 책'이라고 말할 수 있는 책을 만들고자 합니다.

세상에 대하여 우리가 더 잘 알아야 할 교양
**(31) 투표와 선거** 과연 공정할까? (원제:Voting and Elections)

마이클 버간 글 | 이현정 옮김 | 신재혁 감수

1판 1쇄 2014년 3월 5일 | 1판 2쇄 2016년 3월 15일
펴낸이 조기룡 | 펴낸곳 내인생의책 | 등록번호 제10-2315호
주소 서울시 영등포구 당산로 41길 11 SKV1 Center W1801호
전화 (02)335-0449, 335-0445(편집) | 팩스 (02)6499-1165
전자우편 bookinmylife@naver.com | 카페 http://cafe.naver.com/thebookinmylife
편집장 이은아 | 편집1팀 신인수 이다겸 | 편집2팀 조정우 김예지
디자인 안나영 김지혜 | 경영지원 조하늘 | 마케팅 강보람

ISBN 978-89-97980-80-2 44300
ISBN 978-89-97980-77-2 44300(세트)

책값은 뒤표지에 있습니다. 잘못된 책은 구입처에서 바꾸어 드립니다.

이 도서의 국립중앙도서관 출판시도서목록(CIP)은 e-CIP 홈페이지(http://www.ml.go.kr/ecip)에서 이용하실 수 있습니다.
(CIP제어번호: 2014001650)

# 디베이트 월드 이슈 시리즈

# 세상에 대하여 우리가 더 잘 알아야 할 교양

## 전국사회교사모임 선생님들이 번역한 신개념 아동·청소년 인문교양서!

《디베이트 월드 이슈 시리즈 세더잘》은 우리 아이들에게 편견에 둘러싸인 세계 흐름에서 벗어나 보다 더 적확한 정보와 지식을 제공합니다. 모두가 'A는 B이다.'라고 믿는 사실이, 'A는 B만이 아니라, C나 D일 수도 있다.' 라는 것을 알려 주면서 아이들이 또 다른 진실을 발견하도록 안내합니다.

 ★ 전국사회교사모임 추천도서 ★ 문화체육관광부 우수교양도서 ★ 한국간행물윤리위원회 청소년 권장도서 ★ 서울시교육청 추천도서
★ 보건복지부 우수건강도서 ★ 아침독서 추천도서 ★ 대교눈높이창의독서 선정도서 ★ 학교도서관저널 추천도서

### 세더잘 30
## 맞춤아기 누구의 권리일까?

존 블리스 글 | 이현정 옮김 | 오정수 감수

맞춤아기는 심각한 유전 질환을 가진 아이에게 구세주가 될 수 있다.
vs 병을 치료하기 위해 맞춤아기를 만드는 일은 인간의 생명을 도구로 사용하는 일이다.

맞춤아기가 등장하면서 개인의 권리와 생명의 가치 그리고 과학 기술의 발전이 어떻게 균형을 맞추어야 하는지에 대해 끝없는 논쟁이 일고 있습니다. 맞춤아기 기술의 현주소는 어디이며 앞으로 어디까지 발전될까요? 또한 맞춤아기는 어떻게 사용될 수 있으며, 어디까지 사용할 수 있도록 허용해야 할까요?

### 세더잘 29
## 리더 누가 되어야 할까?

질리 헌트 글 | 이현정 옮김 | 최진 감수

리더는 다른 사람들의 희생이 따르더라도 자국의 이익을 위해 과감한 결정을 해야 한다.
vs 리더는 자국의 이익을 위한 결정이 의도치 않은 결과를 초래할 수 있다는 사실을 염두에 두고 신중하게 행동해야 한다.

리더는 자신이 이끄는 집단을 대표하여 중대한 결정을 합니다. 하지만 그 선택에 때로는 많은 사람들의 희생이 따르기도 합니다. 그렇다면 어떤 결정을 하는 리더가 좋은 리더일까요?

### 세더잘 28
# 정치 제도 민주주의가 과연 최선일까?
스콧 위트머 글 | 이지민 옮김 | 박성우 감수

민주주의는 가장 이상적인 정치 제도다
vs 이상적인 정치 제도로 불리는 민주주의에도 많은 결함이 존재한다.

사람들은 민주주의가 모두에게 자유와 평등을 보장하는 이상적인 정치 제도라고 이야기합니다. 지금 이 시간에도 세계 곳곳에서는 새로운 사회를 건설하려는 민주화 혁명이 계속되고 있습니다. 하지만 민주주의에 결함이 있다고 말하는 사람들도 있습니다. 어떻게 하면 민주주의의 문제점을 해결하면서 모두가 행복한 세상을 만들 수 있을까요?

### 세더잘 27
# 음식문맹 왜 생겨난 걸까?
김종덕 글

식품 산업의 발달로 현대인들은 값싸고 풍부한 먹거리를 누리게 됐다.
vs 식품 산업의 발달로 되레 현대인들은 제대로 된 먹거리를 박탈당하고 말았다.

현대인들은 아주 풍요로운 식생활을 누리고 있습니다. 하지만 우리가 먹는 게 진정 건강하고 질 좋은 먹거리인지 다시 생각해 볼 필요가 있습니다. 패스트푸드, 공장형 사육으로 생산된 고기, 유전자 조작 식품 등을 먹고 건강하게 살 수 있을까요? 현대 음식 문화에 대한 반성은 슬로푸드와 로컬 푸드라는 새로운 움직임을 낳고 있습니다.

### 세더잘 26
# 엔터테인먼트 산업 어떻게 봐야 할까?
스터지오스 보차키스 글 | 강인규 옮김

엔터테인먼트 산업이 보여주는 폭력성, 선정성이 사회에 악영향을 미치고 있다.
vs 엔터테인먼트 산업이 실제로 사회 문제에 미치는 영향은 미비하다.

많은 사람이 엔터테인먼트 산업이 사회에 끼치는 영향에 대해 갑론을박을 벌이고 있습니다. 과연 엔터테인먼트 산업이 가지고 있는 폭력성과 선정성이 우리 사회에 결정적 영향을 미치는 걸까요? 아니면 사회에 숨어 있는 다양한 문제점들을 간과한 채 엔터테인먼트 상품에게 모든 책임을 전가하고 있는 것은 아닐까요?

### 세더잘 25
# 적정기술 모두를 위해 지속가능해질까?
섬광 글 | 김정태 감수

적정기술은 소외된 사람만을 위한 지속가능하지 못한 기술이다.
vs 적정기술은 첨단기술처럼 선진국에서도 필요한 지속가능한 기술이다.

적정기술이란 사회 공동체의 정치·문화·환경 조건을 고려해 삶의 질을 실질적으로 향상시키려는 기술입니다. 적정기술은 가난한 국가에만 적용되지 않고 장애, 빈곤, 자연재해로 고통받는 선진국 사람들에게도 필요하지요. 하지만 최근 적정기술의 실효성과 지속가능성에 의문이 제기되고 있습니다.

### 세더잘 24
# 국제 관계 어떻게 이해해야 할까?
닉 헌터 글 | 황선영 옮김 | 정서용 감수

상호 협력을 통해 인류의 평화와 번영을 이룩할 수 있다.
vs 국제 협력은 강대국이 자국의 이익을 관철시키려는 허울 좋은 명분에 불과하다.

이 책은 영토 분쟁부터 지구 온난화에 이르기까지 다양한 국제적 사안들을 깊이 있게 설명하며, 인류의 평화적 공존과 번영을 위해 고민해 봐야 중요한 논점들을 제시합니다. 또한, 각 국가는 물론 국제기구, 비정부기구 등 국제 질서를 구성하는 주체들이 협력과 경쟁, 대립을 통해 상호작용하는 과정을 다양한 예시를 들어 소개하고 있습니다.

### 세더잘 23
# 국가 정보 공개 어디까지 허용해야 할까?
케이 스티어만 글 | 황선영 옮김 | 전진한 감수

국민은 국가의 정보를 알 권리가 있다.
vs 시민의 생명과 재산을 위해 비밀 유지가 필요할 때도 있다.

이 책은 정보공개제도 확대의 역사와 찬반 논쟁에서 실제 정보공개를 청구하는 방법에 이르기까지 아주 꼼꼼히 기술했습니다. 더불어 정보공개제도가 시행됨에 따라 공무원들의 사생활이 침해되는 등 제도가 가지는 몇몇 문제점도 함께 고민하며 사고의 깊이를 더했습니다.

### 세더잘 22
# 줄기세포 꿈의 치료법일까?

피트 무어 글 | 김좌준 옮김 | 김동욱, 황동연 감수

줄기세포는 질병 퇴치와 수명 연장의 꿈을 실현해 줄 것이다.
vs 윤리적 논란과 안전성 문제가 해결되지 않는 한 섣부른 기대다.

줄기세포는 꿈의 치료법으로 기대를 모으며 국가적으로 지원받고 있는 의료 분야의 화두입니다. 이 책은 줄기세포에 대한 과학적 지식은 물론, 줄기세포 연구를 이해할 때 수반되는 동물 실험이나 유전 공학, 인간 복제, 민간 자본 개입 문제에 대해서도 자연스레 꿰어 감으로써 21세기 생명과학과 생명윤리 전반에 대한 기초 소양을 쌓게 해 줍니다.

### 세더잘 21
# 안락사 허용해야 할까?

케이 스티어만 글 | 장희재 옮김 | 권복규 감수

안락사는 가면을 뒤집어쓴 살인 행위에 불과하다.
vs 인간은 품위 있는 죽음을 선택할 수 있어야 한다.

이 책은 안락사 전반을 둘러싼 사회문화적, 철학적 쟁점들을 균형 있게 살펴보면서 삶과 죽음의 문제에 접근합니다. 안락사를 현대 의학의 효율성과 경제적 측면에서 바라보는 것이 아니라 삶과 죽음이라는 커다란 그림 안에서 바라보게 하는 것이지요. 끝없이 계속되는 안락사 찬반 논쟁을 살펴보면서 삶의 소중함을 깨달아 봅시다.

### 세더잘 20
# 피임 인구 조절의 대안일까?

재키 베일리 글 | 장선하 옮김 | 김호연 감수

태아는 태어날 권리가 있다.
vs 피임은 인간다운 삶의 필요조건이다.

피임과 인구 문제는 서로 어떤 연관성이 있을까요? 중국의 '한 자녀 정책'과 같은 국가 차원에서의 피임 정책이 인구 증가를 잡는 해결책이 될 수 있을까요? 출산율을 잡으려다 자칫 태아의 생명권만 침해하는 건 아닐까요? 일반적인 청소년 교양서들이 피임과 인구 문제를 분리해서 다루는 데 비해 이 책은 두 주제 간에 통합적인 사고를 이끌어 내는 게 특징입니다.

### 세더잘 19
# 유전 공학 과연 이로울까?

피트 무어 글 | 서종기 옮김 | 이준호 감수

유전 공학 기술의 발전과 활용은 반드시 필요하다.
vs 생물의 기본 구성 요소를 건드리는 것은 위험한 일이다.

인류는 인간의 삶에 유용하도록 동식물의 유전자를 변형시켜 왔습니다. 복제 양 돌리가 탄생하고 우유를 많이 생산해 내는 젖소와 육질이 풍부한 소는 물론 털이 빨리 자라는 양과 병해충과 농약에 강한 농작물 등이 바로 그 결과물입니다. 유전 공학의 발전으로 생명 연장의 길이 열리게 되었다고 열광하는 사람들도 있습니다. 이처럼 날로 발전하는 유전 공학의 기술이 과연 인간에게 이로운 것인지에 대해 함께 토론해 봅시다.

### 세더잘 18
# 낙태 금지해야 할까?

재키 베일리 글 | 정여진 옮김 | 양현아 감수

낙태는 개인의 선택에 맡겨야 한다.
vs 국가가 규제하고 제한해야 한다.

낙태는 금지되어야 할까, 아니면 허용해야 할까? 만약 허용한다면 어디까지 허용해야 할까? 이와 같은 낙태에 대한 논쟁은 아주 오래전부터 끊임없이 지속되어 왔습니다. 낙태는 아이를 가진 여성 개인의 문제만이 아닌 태아를 하나의 인격체로 봐야 하는지 아닌지에 대한 부분까지 고려해야 하는 결코 쉽지 않은 주제입니다.

### 세더잘 17
# 프라이버시와 감시 자유냐, 안전이냐?

캐스 센커 글 | 이주만 옮김 | 홍성수 감수

프라이버시는 인간의 본질적 권리로 우리 모두가 지켜 나가야 한다.
vs 개인 PR의 시대, 자신의 프라이버시를 얼마큼 보호하느냐는 각자가 선택할 사항이다.

거리 곳곳에는 CCTV가 넘쳐나고, 생체 정보로 신원을 확인하고, 인터넷을 쓰려면 사이트마다 개인 정보를 입력해야 하는 등 프라이버시 침해와 일상적인 감시가 만연한 시대가 되었습니다. 범죄 예방 등 공동체의 안전을 담보하고 정보화 시대의 편익을 누리면서도 기본적 인권인 프라이버시를 어떻게 지켜 낼 수 있을지 생각해 봅니다.

세더잘 16

# 소셜네트워크 어떻게 바라볼까?

로리 하일 글 | 강인규 옮김

소셜 네트워크는 표현의 자유를 확장할 것이다.
vs 사생활 침해를 증가시킬 것이다.

페이스북이나 트위터와 같은 소셜 네트워크는 우리가 더 빠르고 빈번하게 소식을 주고받도록 도와줍니다. 아이티에서 지진이 발생했을 때도, 허리케인이 미국을 강타했을 때도, 이 소식을 가장 먼저 전했던 것은 바로 SNS였습니다. 하지만 역기능도 만만치 않습니다. 소셜 네트워크는 우리 생활을 어떻게 바꾸고 있을까요?

세더잘 15

# 인권 인간은 어떤 권리를 가질까?

은우근, 조셉 해리스 글 | 전국사회교사모임 옮김

인권은 모든 지역, 모든 사람에게 동등하게 적용되어야 한다
vs 인권의 잣대를 일률적으로 들이대선 안 된다

신문을 펼치면 연일 보도되는 비정규직 문제, 주택 문제, 성 폭력, 학교 폭력, 이주민 문제 등 인사가 모든 것이 인권과 관련되어 있습니다. 이 책은 인권 개념의 발견에서부터 하나하나의 구체적 권리를 세우기까지 인권 발전의 역사를 통해 인권의 이론과 실재를 한눈에 살피고 인권감수성을 키워 줍니다.

세더잘 14

# 관광산업 지속 가능할까?

루이스 스펠스베리 글 | 정다워 옮김 | 이영관 감수

관광산업은 일자리를 창출하고, 국가 경제에 큰 도움이 된다.
vs 관광산업은 자연을 훼손하고, 현지인의 전통적 삶의 방식을 파괴한다.

관광산업이 커지면서 사람들은 경제가 발전하고 다른 문화에 대한 접근성이 높아지는 이점을 누리게 되었습니다. 한편, 관광산업 노동자들의 근로 환경이 오히려 열악해지거나 자연이 훼손되는 부작용도 생겨났습니다. 이러한 문제들을 극복하기 위한 관광이 바로 지속 가능한 관광입니다. 책임관광, 공정여행이라고도 불리는 지속 가능한 관광을 다양한 관점에서 성찰해 봅니다.

세더잘 13

# 동물실험 왜 논란이 될까?

페이션스 코스터 글 | 김기철 옮김 | 한진수 감수

동물실험은 과학과 의학의 진보를 위해 반드시 필요하다.
vs 동물실험은 무의미하게 생명을 죽이므로 폐지해야 한다.

동물실험은 새로이 개발된 의약품이나 화학물질 등을 시판하기 전, 그 안전성을 검증하기 위해서 거치는 과정입니다. 인류는 수많은 동물의 희생으로 건강한 삶을 얻었습니다. 그러나 그 희생이 과연 윤리적으로 합당한지는 생각해 볼 문제입니다. 첨예한 논란을 일으키는 동물실험의 찬반양론을 명쾌하게 정리한 이 책을 읽고 과학 윤리에 대해 생각해 봅시다.

세더잘 12

# 군사 개입 과연 최선인가?

케이 스티어만 글 | 이찬 옮김 | 김재명 감수

군사 개입은 인권 보호를 위해 필요하다.
vs 군사 개입은 다른 나라의 주권을 침해할 뿐이다.

군사 개입은 세계에서 가장 논란이 되는 문제 중 하나입니다. 군사 개입으로 인해 사람이 죽고 공동체가 파괴되기 때문이지요. 폭력을 막기 위해 또 다른 폭력을 사용해도 될까요? 전쟁에 시달리고 있는 지구촌이 평화를 되찾는 법은 없을까요? 이 책은 국제 사회의 뜨거운 감자, 군사 개입을 다루며 지구촌 폭력과 평화에 대해 폭넓게 성찰하게 합니다.

세더잘 11

# 사형제도 과연 필요한가?

케이 스티어만 글 | 김혜영 옮김 | 박미숙 감수

사형은 국가가 행하는 합법적인 살인이므로 폐지되어야 한다.
vs 사형은 범죄를 억제하는 가장 효과적인 방법이므로 존속시켜야 한다.

사형제도 존폐를 둘러싼 팽팽한 논쟁은 지금도 이어지고 있습니다. 이 책은 사형제도 존폐론 외에도 사형 집행의 과정을 생생한 사례와 구체적인 논거로 철저히 분석합니다. 과연 사형에서 공정한 집행이 이루어지고 있는지, 오류는 없는지 등을 포함해, 사형제도를 둘러싼 국제적 이슈를 담아냈습니다. 이 책을 읽고 사형제도에 대한 자신만의 생각을 정립해 봅시다.

**세더잘 10**

# 성형수술 외모지상주의의 끝은?

케이 스티어만 글 | 김아림 옮김 | 황상민 감수

**미용 성형 산업을 객관적인 시선으로 바라보도록 도와주어
현대 사회에 대한 근본적인 물음을 던지게 하는 책**

성형 수술의 역사, 의미, 효과, 역사적 배경, 성형 산업의 현실 등을 상세하게 설명해 미용 성형에 대해 스스로 생각하고 합리적으로 판단할 수 있는 힘을 길러줍니다. 마땅히 '수정되어야 할 몸'에 대한 끊임없는 강박과 열등감이 만연한 현대 사회를 어떻게 바라봐야 할지 다시 한 번 깊이 생각하게 해 줄 것입니다.

**세더잘 09**

# 자연재해 인간과 자연이 공존하는 길은?

안토니 메이슨 글 | 선세갑 옮김

**자연재해에 관한 사회·과학 통합서
'자연 대 인간'에서 '자연과 인간'으로!**

이 책은 자연재해의 유형과 원인을 과학 원리로 설명하고, 피해자 구조나 복구 과정, 방재 대책 등에 관해 체계적으로 살펴봅니다. 또한 자연재해의 이면에 숨어 있는 정치·경제적인 논의와 함께 인간의 무분별한 행태가 재해를 부추기는 면도 지적하며 인문학적인 성찰을 유도합니다.

**세더잘 08**

# 미디어의 힘 견제해야 할까?

데이비드 애보트 글 | 이윤진 옮김 | 안광복 추천

**미디어는 규제받아야 한다.
vs 미디어는 자유로워야 한다.**

오늘날 제4의 권력이라고 불릴 정도로 강력해진 미디어의 힘에 대해 알아봅니다. 미디어를 지탱하는 언론 자유와 그 힘을 통제하려는 정부의 규제 사이에 벌어지는 논쟁에 대한 다양한 관점을 제시하고, 미래의 미디어가 나아가야 할 방향에 대해서 생각해 보도록 돕습니다.

**세더잘 07**

# 에너지 위기 어디까지 왔나?

이완 맥레쉬 글 | 박미용 옮김

**지구 온난화, 전쟁과 테러, 허리케인…
이 모든 것은 에너지 위기에서 비롯되었다!**

우리는 에너지 없는 세상에서 하루도 살 수 없습니다. 하지만 현재 속도로 에너지를 소비한다면 앞으로 40년 이내에 주에너지원인 석유가 고갈될 것입니다. 이 책은 에너지 위기가 불러올 정치, 사회, 경제, 환경의 변화를 알아보고, 무엇이 화석연료를 대신할 차세대 에너지원이 될지 꼼꼼히 따져 봅니다.

**세더잘 06**

# 자본주의 왜 변할까?

데이비드 다우닝 글 | 김영배 옮김 | 전국사회교사모임 감수

**인류를 위한 가장 바람직한 자본주의의 변화상은 무엇인가?**

자본주의의 역사와 발전상에 대해 알아보면서 자본주의라는 경제 체제가 인류를 위해 어떻게 복무했는지, 문제가 발생하면 그때마다 인류에게 봉사하기 위해 어떤 모습으로 변신했는지에 대해 알아봅니다. 이를 통해 논쟁이 끊이지 않는 21세기의 자본주의가 어떻게 변해야 할지에 대해 생각해 보도록 합니다.

**세더잘 05**

# 비만 왜 사회문제가 될까?

콜린 힌슨. 김종덕 글 | 전국사회교사모임 옮김

**왜 지구 한쪽에서는 굶어 죽는데,
다른 한쪽에서는 비만으로 죽는 걸까?**

이 책은 이러한 역설에서 출발합니다. 오늘날 비만이 왜 사회 문제가 되었는지 역사적, 문화적 관점에서 살피고 선진국과 개발도상국에서 나타나는 비만 문제의 양상과 그 속에 숨은 식품산업의 어두운 그림자, 나아가 전 세계적 차원의 식량 문제로까지 사고의 범위를 넓혀 줍니다.

세더잘 04

## 이주 왜 고국을 떠날까?

루스 윌슨 글 | 전국사회교사모임 옮김 | 설동훈 감수

### 지구촌 다문화 시대의 국제 이주 바로 알기

오늘날 국제 사회와 다문화, 다민족 사회를 이해하기 위해 꼭 알아야 할 '이주'에 관한 책. 왜 사람들은 이주를 선택하거나 강요받는지에 대한 다양한 관점을 제시하고, 또 이에 대한 정부의 정책과 국제기구의 활동도 알려줍니다.

세더잘 03

## 중국 초강대국이 될까?

안토니 메이슨 글 | 전국사회교사모임 옮김 | 백승도 감수

### 세계 초강대국으로 떠오르고 있는 중국 바로 알기

우리나라는 정치·경제적으로 중국과 더욱 긴밀한 관계를 맺고 있습니다. 가까운 미래에 중국의 영향력은 더 커질 것이기에 중국을 제대로 이해해야 합니다. 이 책은 객관적 시선으로 중국을 편견 없이 바라보도록 돕습니다.

세더잘 02

## 테러 왜 일어날까?

헬렌 도노호 글 | 전국사회교사모임 옮김 | 구춘권 감수

### 평화로운 세상을 위해 더 잘 알아야 하는
### 불편한 진실, 테러

이 책은 테러에 대해 어떤 특정 사건과 집단 대신 '테러'라는 하나의 축으로 세계 갈등의 역사를 조망합니다. 나아가 평화로운 세상을 만들기 위해서 테러에 대해 잘 알아야 한다고 역설합니다.

세더잘 01

## 공정무역 왜 필요할까?

아드리안 쿠퍼 글 | 전국사회교사모임 옮김 | 박창순 감수

### 공정 무역 = 페어플레이, 초콜릿과 축구공으로 보는 세계 경제의 진실

공정무역을 포함한 무역과 시장경제를 올바르게 이해하도록 돕습니다. 오늘날 기업은 생존과 발전을 위해서 사회적 책임을 다해야 하고, 따라서 공정무역에 관심을 가질 수밖에 없습니다. 우리 아이들이 미래의 리더가 되기 위해 꼭 알아야 할 공정무역에 관한 책입니다.

※ 디베이트 월드 이슈 시리즈 **세더잘**은 계속 출간됩니다.